유튜브로 알려주는

항공사
롤플레이
123문제

Airline Role Play

Preface

여러분이 객실승무원이라는 직업에 조금이라도 관심이 있다면 "미소짓는 승무원"이라는 이름을 어디선가는 들어본 적이 있을 것이다. 나는 대학교수라는 직업을 갖고 있지만, 그 외에도 다양한 활동을 하고 있다. 벌써 두 번째 책을 쓰고 있는 작가, 항공사 면접과 관련한 흥미 위주가 아닌 지식 전달 분야에서 가장 많은수의 구독자 층을 보유하고 있는 유튜버, 국내 최대 규모의 남승무원 준비생을 위한 온라인 커뮤니티의 단독 운영자, 인플루언서로도 활동을 하고 있고, 주말에는 내 시간을 활용해 취업 준비생을 위한 사회 공헌 활동 역시 하며, 경기도 교육청에서 핵심사업으로 진행 중인 경기 꿈의 대학의 인기 강사로도 활동하고 있다.

'어떻게 저렇게 많은 일을 다 할 수 있을까?' 싶겠지만, 그 속을 들여다보면 굉장히 간단한 이유가 있다. 많은 일을 하는것 같지만 내가 하는 일은 전부 다 "객실승무원이 되고 싶은 사람들의 꿈을 도와주는 일"로 압축해서 이야기할 수 있기 때문이다.

이 책은 승무원 취업 준비생, 항공과 입시 준비생과 서비스 비 전공자의 서비스 자격증　　　　　　취득을 위해 가장 쉬운 방법으로 쓰여진 책이다.

여러분이 승무원 취업 준비생/항공과 입시 준비생이라면　Part 01로 가자.

이 책에서 알려주는 ABC 전략을 그대로 따른다면 면접장에서 면접관의 관심을 받을 수 있는 롤플레이 답변을 만들 수 있다. 인터넷에 떠도는 흔한 답변이 아닌 이 책에서 알려주는 ABC 전략을 이해하고, 실행에 옮긴다면 면접장에서 여러분을 쳐다보는 따스한 면접관의 시선을 느낄 수 있을 것이다. 게다가 여러분의 추가적인 질문은 유튜브에 댓글로 달아 주면 필자에게서 답변을 받아볼 수 있고, 채용과 관련된 가장 업데이트 된 정보가 유튜브를 통해 지속적으로 업데이트 되고 있다.

여러분이 CS Leaders/SMAT를 준비하는 서비스 비 전공자라면　Part 02로 가자. 시중에 나와 있는 어떤 교재보다 쉬운 방법으로 항공사의 예시를 적어 놓은 책으로 서비스 전공자와의 간격을 충분히 메울 수 있다. 중·고등학생도 이해할 수 있는 수준으로 각종 서비스 이론들을 설명해 놓았기 때문에, 가장 손쉽게 서비스 자격증에 접근할 수 있다. 'Satisfaction 개념으로 전 세계에서 가장 유명한 학자인 Oliver 할아버지의 기대불일치 이론이 이해가 되지 않는다고?' 간단하다. 유튜브나 인스타그램을 통해 언제든지 나에게 질문을 하면 된다.

Preface

여러분의 꿈을 이루고 싶은가? 그렇다면 딱 하나의 목표만 쳐다보며 노력하자. 매일 조금씩 성과를 내다보면 결국엔 여러분이 원하는 객실승무원이라는 최종 목표를 이루게 될 것이다. 스펙이 부족해서, 이미지가 부족해서, 키가 크지 않아서 등의 여러 가지 핑계를 만들며 여러분의 꿈의 직업을 이룰 수 있는 이 시간을 미루고 있는가? 스스로 정한 자신과의 시간 약속을 지키는 것, 그것이 바로 여러분의 꿈을 실현 시켜 줄 수 있는 가장 첫걸음이 될 것이라는 것을 잊지 말자.

마지막으로 외국항공사 출신인 본인의 부족한 부분을 채울 수 있게 도움을 준 청주대학교 박윤미 교수님, 책이 나올 수 있게 도움을 주신 한올출판사 임순재 사장님과 편집부 임직원 분들께 감사의 마음을 전한다.

2021년 1월

고 민 환

필자와의 소통을 원한다면....

유튜브 채널 [미소짓는승무원]
승무원 또는 서비스업 취업과 관련된 최신 정보가 업데이트 된다.

인스타그램 [misocrew]
현직 승무원 또는 준비생을 보며 동기부여 받을 수 있다.

네이버카페 [미소짓는승무원]
교재와 관련된 궁금증 또는 승무원을 함께 준비하고 있는 취업준비생을 만날 수 있다.

Contents

비 전공자를 위한 서비스 자격증 공부
CS LEADERS / SMAT 자격증 대비

Preface

유튜브로 알려주는
항공사 롤플레이 123문제

승무원 취업 준비생
항공과 입시준비생을 위한

항공사 기내롤플레이
기출 123문제

Chapter

1

면접장에서
다른 지원자와
차별화가 가능한
ABC 전략 알아보기

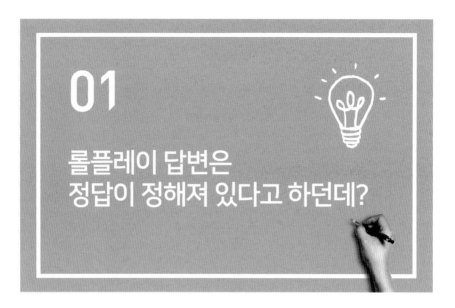

01

롤플레이 답변은
정답이 정해져 있다고 하던데?

롤플레이에 정답이 있을까? 결론부터 이야기하면 롤플레이에 정답은 있다. 바로 현재 기내에서 객실승무원들이 하고 있는 것이 롤플레이의 정답이다. 하지만 회사마다 자기네 규정에 맞춰 롤플레이의 정답은 조금씩 다르게 될 것이다. 예를 들어, 기내에서 승객이 두통약을 달라고 했을 때 A 항공사에서는 1) 증상 확인 2) 알레르기 체크, 3) 이전에 먹은 약 체크와 같은 순서로 진행한다면 Q 항공사에서는 1) 증상 확인 2) 이전에 먹은 약 체크 3) 알레르기 체크와 같은 순서만 조금씩 달라질 뿐 실제 하게 되는 행위 자체는 비슷하다. 그렇다면 누구나 다 알 법한 기내 롤플레이를 항공사 면접에서 면접관이 우리에게 물어보는 이유는 무엇일까? 사실 인터넷 네**만 검색하더라도 모든 롤플레이 문제의 답변이 나온다는 것은 누구나 다 아는 사실이다. 하지만 면접관이 우리에게 누구나 알 법한 답변을 물어보는 이유가 존재한다. 그것이 바로 이 책이 존재하는 이유이다. 그 해답은 두 가지로 나눠서 이야기 할 수 있다. 바로 **승무원 업무에 대한 지원자의 관심과 자질**을 롤플레이를 통해서 확인할 수 있기 때문이다.

승무원 업무에 대한 관심. 즉 면접관은 면접 지원자인 여러분이 어느 정도 승무원이라는 직업에 대해 알고, 지원하는지를 알고 싶어한다. 대부분의 지원자들에게 "왜 승무원이 되고 싶나?"라고 물어보면 대부분의 지원자는 "저는 여행 하는 것을 좋아해서, 승무원이 되고 싶다."고 말하는 경우가 많다. 하지만 이 세상에 새로운 것을 찾아 떠나는 여행을 싫어하는 사람은 별로 없다는 것을 알고 있는가? 실제로 여행을 좋아하고, 할인티켓을 사용해서 해외를 다닐 수 있는 승무원이라는 직업의 혜택을 좋아하는 사람은 너무나 많다. 하지만 그 직업이 어떤 일을 하는지 정확히 알고 있는 사람들은 우리 생각보다 많지 않다. 물론 요즘은 유튜브를 통해서 간접적으로나마 직업에 대해 알아볼 수 있는 기회가 예전보다는 많이 존재하지만, 면접장에서 면접관은 롤플레이 답변을 통해 이 지망생이 단순히 승무원의 혜택이 좋아서 오늘 면접장에 온 것이 아니라, 얼마나 승무원이라는 직무를 알고 오늘 이 자리에 서있는지를 판단하려고 한다.

사실 필자가 근무를 하던 시절 비슷한 경험을 했던 적이 있었다. 당시, 엄청난 경쟁률을 뚫고 8년도 넘게 다니던 직장을 관두고 A항공사에 입사를 한 신입승무원이 있었다. 나이도 다른 승무원에 비해 많았고, 특히

나 기존 직장에서 오랜기간 근무를 했던 케이스였기 때문에 '회사를 관 둔 용기'에 대해서도 많은 동료들이 칭찬을 했었다. 하지만 그녀는 불과 3개월을 비행한 뒤, 항공사를 관두고 일반 직장으로 돌아가게 되었다. 그녀는 승무원의 혜택이 좋아 항공사를 택했지만, 막상 혜택만 보고 근무를 하기엔 자신의 성격과 승무원이라는 직업이 너무 맞지 않았기 때문이다.

이런 케이스를 각 회사의 인사과에선 "채용 실패"라고 부른다. 인사과에 근무하는 지인의 이야기를 듣다보면 "채용 실패"라는 단어가 가장 무섭다고 한다. 인사과에서는 한 번 채용한 신입 직원이 1년을 못견디고 회사를 나갔을 때 회사 입장에서는 금전적으로는 약 3,000만원 정도의 시간적, 경제적 손실을 입는다고 한다. 따라서 이러한 채용 실패를 겪지 않기 위해 면접장에서 지원자가 회사에 잘 적응할 수 있는지를 판단하려고 한다. 이 때 중요하게 물어보는 것이 바로 "직무를 얼마나 잘 이해하고 있느냐?"이다. 즉, 면접관이 여러분에게 물어보는 롤플레이 질문은 이런 의도를 갖고 있는 질문이다.

두 번째는 바로 **여러분의 자질을 판단하기 위해서이다.** 이미 각 항공사의 모범 롤플레이 답변이 각종 블로그나 유튜브에 돌아다니는 이런 상황에서 어떻게 면접관은 여러분의 자질을 롤플레이 답변으로 판단할 수 있을까? 면접관의 이런 질문의도에 맞추기 위해 여러분은 롤플레이 답변을 할 때 반드시 필자가 만든 ABC 전략을 따라야 한다. 지금까지 롤플레이 답변을 이런 식으로 만들 것을 알려주는 책은 단 한권도 없었다. 하지만 여러분이 승무원 자원자가 매 채용마다 만 명도 넘는 승무원 인기 시대인 지금 롤플레이 답변을 통해 합격을 하려면 필자가 이야기하는

ABC 전략을 사용한다면 반드시 합격할 수 있을 것이다. 사실 ABC 전략은 처음 시작하는게 어렵지, 하는 방법만 알게 된다면 절대로 어려운 방법이 아니다. 여러분이 면접을 조금이라도 공부를 했고, 그래서 "스토리텔링"이라는 단어를 들어보았다면 필자가 이야기하는 ABC 전략의 강력함을 바로 알아차릴 수 있을 것이다.

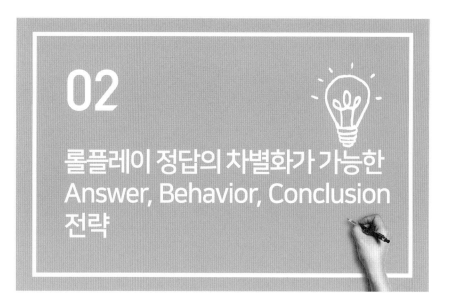

02

롤플레이 정답의 차별화가 가능한 Answer, Behavior, Conclusion 전략

면접 롤플레이 답변은 ABC(Answer → Behavior → Conclusion) 순서를 따라야 한다. ABC 전략은 기존 롤플레이 답변에서 모든 학생들이 Answer(답변)만 말하던 것과는 달리 차별화시키는 것을 목적으로 Behavior(자신의 행동 또는 경험)와 Conclusion(최종 결론)을 추가한다. 간단한 예시를 들어보겠다. "승객이 머리가 아프다고 두통약을 달라고 한다. 승무원인 당신은 어떻게 행동할 것인가?"라는 문제

에 흔하게 여러분들이 답변하는 방식(학생 철수)과 ABC전략을 담은 답변 방식(학생 민희)을 비교해 보자.

✈ 학생 철수 : 머리가 아프다고 하실 경우 일단 저는 그 승객분께 기존에 드신 약이
있나 여쭤보고, 알레르기는 없는지, 혹시 여성분이라면 임신을 하신 것
은 아닌지 여쭤본 이후, 기내에 비치된 두통약을 전해드리겠습니다.

✈ 학생 민희 : 머리가 아프다고 하실 경우 일단 저는 그 승객분께 기존에 드신 약이 있나
여쭤보고, 알레르기는 없는지, 혹시 여성분이라면 임신을 하신 것은 아닌지
여쭤본 이후, 기내에 비치된 두통약을 전해드리겠습니다. 저는 예전에 ** 카
페에서 근무할 때 비슷한 경험이 있었습니다. 당시 손님께서 두통약을 찾으
셔서 무심코 두통약을 드렸는데, 나중에 알고봤더니 그 손님이 자신이 "알
레르기가 있는데 왜 말도 안하고 독한 약을 줬냐"고 매장을 찾아와서 크게
화내셨던 적이 있었습니다. 그날 이후로 저는 타인에게 약을 줄 때는 반드
시 알레르기나 임신여부를 확인하고 약을 주고 있습니다.

다시 한 번 학생 민희의 답변을 보며 Answer, Behavior, Conclusion
을를 구분해 보겠다.

✈ A: 머리가 아프다고 하실 경우 일단 저는 그 승객분께 기존에 드신 약이 있나 여쭤
보고, 알레르기는 없는지, 혹시 여성분이라면 임신을 하신 것은 아닌지 여쭤본
이후, 기내에 비치된 두통약을 전해드리겠습니다.

✈ B: 저는 예전에 ** 카페에서 근무할 때 비슷한 경험이 있었습니다. 당시 손님께서
두통약을 찾으셔서 무심코 두통약을 드렸는데, 나중에 알고봤더니 그 손님이 자
신이 알레르기가 있는데 왜 말도 안하고 독한 약을 줬냐고 매장을 찾아와서 크
게 화내셨던 적이 있었습니다.

✈ C: 그날 이후로 저는 타인에게 약을 줄 때는 반드시 알레르기나 임신여부를 확인하
고 약을 주고 있습니다.

철수와 민희의 답변의 A부분은 동일한 답변이다. 차이점은 철수의 답
변은 인터넷에 돌고 도는 수많은 답변 가운데 하나이고, 민희는 답변+

자신의 경험+결론이 들어갔다는 것이다. 우리는 여기서 "자신의 경험(스토리텔링)"에 주목해야 한다. 면접관은 면접을 통해 여러분이 어떤 사람인지를 알고 싶어한다. 똑같은 머리스타일을 하고, 똑같은 색상의 옷을 갖춰입고, 앵무새처럼 똑같이 이야기하는 롤플레이 답변을 통해 면접관이 여러분의 진면목을 알 수 있을까? 면접관이 면접장에서 찾고자하는 여러분의 진짜 모습은 철수의 답변과 같이 "인터넷에서 돌고 도는 답변"에서 나오는 것이 아닌 ABC 전략을 사용하는, 자신만의 스토리텔링이 들어있는 민희의 답변에서 차별화가 가능하다는 것을 명심하자.

각 요소별 비중은 다음과 같다.

- ✈ Answer : 한 문장으로 압축
- ✈ Behavior : 전체 답변의 70~80%분량. 이 부분의 스토리텔링이 나와야 면접관이 관심을 가짐
- ✈ Conclusion : 결론을 언급하며, 마무리 함. 한 문장으로 충분함. 길면 지루해질 수 있음

또한, 전체적으로 롤플레이 답변의 분량은 40~50초를 넘지 않도록 조정해 주는 것이 좋다. 롤플레이 답변은 일반 면접 답변 보다는 답변의 분량이 조금 길 수 밖에 없다는 것을 명심하자(일반 면접 답변 30초)

ABC전략처럼 답변+자신의 행동+결론을 전달하는 것이 여러분이 입시, 취업 준비를 할 때 준비해야 하는 것이다. 다음 장에서 스토리텔링에 대해 자세하게 설명하도록 하겠다.

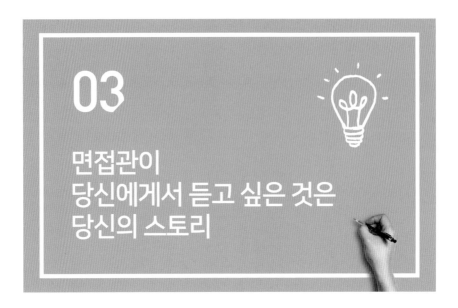

03

면접관이
당신에게서 듣고 싶은 것은
당신의 스토리

  하버드 대학의 존 핸슨(John hansen)교수는 스토리텔링의 중요성을 이렇게
이야기했다. "현재 인터넷과 같은 다양하고 수많은 정보가 제공되고 있
는 시대적 상황에서 스토리는 대중들로 하여금, 수많은 정보 가운데서
재빨리 전달하고자 하는 내용의 의미와 핵심을 알 수 있게 도와주는 매
우 중요한 가치를 가지고 있다."고 말했다. 면접장으로 이 상황을 그대로
가지고 들어와서 생각해보자. 국내항공사 면접은 보통 8명의 지원자가
한번에 면접을 보게 되고, 면접관은 하루에 1,000여명에 가까운 지원자
들의 앵무새처럼 비슷비슷한 답변을 듣게 된다. 과연 면접관은 누구의
답변을 더 귀 기울여 듣게 될까? 면접관이 귀 기울일 수밖에 없는 답변
은 남들과 똑같이 이야기하는 답변이 아닌 자신의 경험이 들어있는(스토리
텔링) 답변에 관심을 갖게 된다.

가끔씩 면접 준비생들과 이야기를 하다보면 롤플레이 답변을 말할 때 "항공사에서 하고 있는 답변, 즉, 팩트만 말해야 하는게 아닐까요? 괜히 제 답변을 이야기했다가 다른 지원자들과 너무 답변이 차이가 나면 어떡하죠?"라고 묻는 경우가 종종 있다. 이런 학생들에겐 동기부여 전문가인 지그 지글러(Zig ziglar)가 "팩트 그 자체는 사람을 사고하게 만들어 주지만, 감정은 듣는 사람을 움직이게 만든다."고 말한 이야기를 해주고 싶다.

또한, 하버드 대학의 유명한 학자인 존 코터(John Kotter)는 "행동의 변화는 단순한 정보 전달에서가 아닌, 사람들의 감정을 울릴 때 이루어 진다."고 밝혔으며, 데일 카네기 인간관계론으로 유명한 데일 카네기는 "사람과의 만남의 순간에 중요한 것은 논리의 산물(팩트)이 아니라, 감정의 산물(스토리텔링)이라는 것을 알아차려야 한다."고 밝힌 것을 이야기하고 싶다. 감정이 실려있지 않은 팩트는 우리에게 감동을 주지 못한다. 면접관이 우리에게서 듣고 싶은 이야기가 무엇인지 다시 한 번 생각해 보자.

Chapter

2

항공과(항공사) 롤플레이,
123문제만 알면 무조건 합격한다

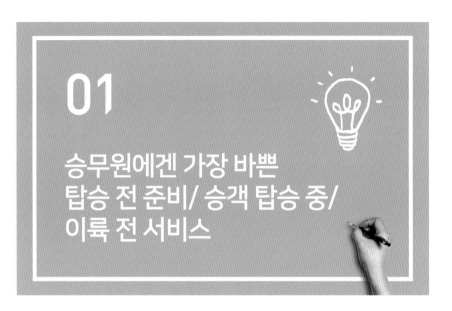

01
승무원에겐 가장 바쁜
탑승 전 준비/ 승객 탑승 중/
이륙 전 서비스

갤리는 비행기내 주방을 의미한다. 갤리를 담당한 승무원은 케이터링 직원과 함께 기내에 실린 밀(Meal), 특별 주문식(Special meal), 음료(Beverage), 서비스 용품(service equipment)과 같은 다양한 적재품의 개수를 정확히 확인한다.

▲ 여행 중 갤리에서 한국인 남승무원과 함께

▲ 승객 탑승 전 서비스 기물을 싣고 있는 대한항공

　　승객들이 탑승하기에 앞서 객실승무원은 보딩 때 필요한 서비스 물품을 정리한다. 예를 들어, 승객들에게 나눠줄 신문이나 잡지, 헤드셋과 같은 서비스 물품들을 준비한다.

일반적으로 제공되는 지상 서비스(Ground service)의 종류

구 분	지상 서비스 제공 물품
Sweet basket	환영의 의미로 제공되는 캔디 또는 민트
Welcome drink	탄산 음료, 물, 샴페인과 같은 음료
Reading material	신문, 잡지와 같은 읽을거리
BGM(Back ground music)	보딩 뮤직 (음악도 승객을 맞이하는 하나의 서비스이다)

📖 승무원에게 가장 설레는 순간(탑승 위치 대기)

객실승무원은 자신의 담당 구역에 위치하고 기내 탑승하는 승객들을 환한 미소로 맞이한다.

각 국가별 독특한 인사법을 미리 배워놓아 승무원은 비행 중 다양한 외국인을 만났을 때 당황하지 않도록 해야 한다. 아랍 국가인 카타르 도하에서 거주할 당시, 아르헨티나 친구들의 인사법 때문에 당황했던 적이 많다. 당시 같은 기수에 입사를 하게된 아르헨티나 친구들이 있었는데 이들은 인사를 할 때 상대방을 껴 안으며 인사를 한다. 당시 우리가 근무를 하던 곳이 남녀가 함께 이야기를 해도 불편한 시선을 받는 아랍 국가인 카타르인데 남자 여자 친구들끼리 서로 껴안으며 인사를 하니 주변의 시선이 많이 따갑기도 했었다. 결국엔 회사에서 직원들에게 "카타르에선 카타르의 법을 따르라."라고 이야기 했던 웃지 못할 해프닝도 있었다.

국 가	국가별 독특한 인사 방법
일본	한국과 비슷한 편이지만, 일본인들은 사회생활을 시작하며 인사하는 방법을 교육을 받는다. 일본 드라마를 보다보면 신입직원들이 며칠 동안이나 인사만 연습 하는 광경을 쉽게 볼 수 있다. 일본의 인사 방법은 "오지기"라고 한다. 오지기는 상황에 따라 세 가지의 타입으로 나눌 수 있다. 상황에 따라 인사를 하는 각도가 달라지지만 가장 좋은 것은 상대방이 몸을 숙이는 정도와 비슷하게 인사를 하는 것이 가장 좋다. • 목례: (15도 정도 상체를 기울인 인사) 직장 동료들 사이에서 하는 인사 • 공손한 인사: (30도 정도의 기울기로 상체를 숙인다) 처음 보는 사람을 만났거나, 친구를 소개시켜준 사람을 만났다거나 할 때 사용한다. • 매우 공손한 인사: (상체를 약 45도 숙이며 하는 인사) 무언가를 부탁하거나, 사죄하는 상황에서 사용하는 인사법.

국 가	국가별 독특한 인사 방법
중국	"니하오", "니하오마"라고 말하며 인사한다. 한국과 일본의 인사와 비슷할 것 같지만 중국인들은 허리를 굽히거나, 머리를 숙이지 않는 인사법(공수)을 사용한다. 과거 중국에 허리를 굽히는 인사법(쥐꽁)이 존재했지만 20세기 들어 문화대혁명 이후 반제국주의 성향과 함께 허리를 굽히는 인사법 대신에 한 손으로 다른 손을 감싼 채로 손을 가볍게 흔드는 인사법(공수)를 사용한다.
태국	"Wai"라고 불리우는 태국의 인사법은 두 손을 가지런히 얼굴까지 올리고(합장과 비슷), 고개를 숙이며 인사를 한다. 이때 남자는 "사와디캅", 여자는 "사와디카"라고 말한다. 또한 만나는 사람에 따라 손을 올리는 위치가 달라진다. 그리고 태국인들은 머리를 신성한 부위라고 생각하고 있기에, 태국 아이를 만났다 할지라도 절대로 귀엽다고 머리를 쓰다듬지 말자.
스페인	"DOS BESOS"는 뺨에 하는 뽀뽀이다. 보통은 여자와 여자, 남자와 여자의 경우 이 인사법을 활용하며, 처음 만난 사이에도 일반적으로 사용하는 인사법이다. 만날 때도 헤어질 때도 동일하게 사용할 수 있다. 카타르에서 함께 일한 친구들 중에 스페인 친구들이 있어 가끔씩 경험해 보았던 신기한 인사 방법이기도 하다.
프랑스	프랑스를 가보지 않은 사람도 "봉쥬르"라는 인사는 익숙할 것이다. 파리로 비행을 가보면 길거리에서 만난 사람, 호텔 엘리베이터에서 만난 사람과도 "봉쥬르"라고 인사를 했던 경험이 생각난다. 아직까지도 우리나라는 모르는 사람과 길에서 인사를 하는 것이 어색하지만 국가이지만, 프랑스에 가게 된다면 거리에서 마주치게 되는 "봉쥬르"에 놀라게 될 것이다.
카타르 사우디 아라비아	"앗살람 알라이쿰"가장 기본적인 아랍어 인사말로, 당신에게 신의 평화가 있기를 이란 뜻을 지니고 있다. 무슬림(이슬람교)은 서로 껴안고 볼키스나 서로 코를 부딪히는 인사를 하기도 한다. 그리고 악수를 하더라도 여성에게는 악수를 청하지 말자.

SMAT
CS LEADERS  악수법

국내에서 젊은 시절 악수를 해본 경험이 별로 없지만 외국을 다니는 승무원들은 악수를 할 일이 많이 생긴다. 악수는 원칙적으로 오른손으로 하게 되며, 적당한 힘으로 손을 잡고, 2, 3회 내지 손을 가볍게 흔든다.

악수의 순서는 다음과 같다.

1) 손 윗사람(연장자)이 손 아랫사람(연소자)에게 권한다

2) 여성이 남성에게 권한다

3) 선배가 후배에게 권한다

4) 승객이 직원에게 권한다

기내에서 승객들에게 명함을 받을 일이 종종 생긴다.

명함을 받을 때엔

- 반드시 두 손으로 "감사합니다." 또는 "반갑습니다."라고 말하며 명함을 받는다.
- 명함의 여백이 있는 부분을 잡고, 상대방의 소속과 이름을 다시금 확인한다.
- 발음이 어려운 영어 또는 한자는 그 자리에서 묻는다.
- 명함을 받은 즉시 집어 넣는 것은 예의에 어긋난다.
- 명함을 받고 아무 곳에나 방치하거나 낙서를 하는 것은 실례이다.
- 명함을 받고 대화가 길어질 경우우엔 앞테이블 위에 명함을 올려놓고 이야기를 진행한다.

반대로 명함을 줄 때엔

- 반드시 일어서서 명함을 교환하며 "A항공의 ***입니다"라고 이야기한다.
- 오른손으로 명함을 주고 받으며, 상대방이 명함을 쉽게 읽도록 글자의 방향을 상대방에게 향하며, 상대방이 외국인일 경우 해당 언어의 명함을 건넨다.
- 나이가 어리거나, 아랫 사람이 윗사람에게 명함을 먼저 건네는 것이 좋다.
- 윗사람과 함께 동시에 명함을 다른 사람에게 건넬 경우 윗사람이 먼저 명함을 건넬 이후 명함을 건네도록 한다.
- 명함을 받는 사람이 2명 이상일 경우 우선 윗사람(또는 직급이 높은 사람)에게 명함을 먼저 건넨다.
- 동시에 상대방과 명함을 주고 받는 경우엔 가능하다면 먼저 명함을 두 손으로 공손히 받은 이후, 자신의 명함을 건네는 것이 좋다.

2 안전과 직결되는 탑승권 재확인 하기

탑승권의 비행번호, 날짜, 비행시간을 반드시 확인해서 다른 비행기를 타야할 승객이 잘못 탑승하는 것을 방지한다. 또한, 비행기에 탑승하는 승객들의 표정을 살피며 '혹시 아픈 승객은 없는지', '비행을 하는데 관심을 더 써야하는 승객은 없는지'와 같은 전체적인 승객의 프로필을 이때 확인한다.

승객들이 탑승하는 이 순간이 가장 기내가 번잡하고, 승무원들이 가장 바쁜 시간이기도 하다. 전 세계의 승객들을 맞이해야 하는 승무원의 입장에선 그 나라의 문화를 이해하는 것이 필요한데, 인류학자인 에드워드 홀(Edward Hall)은 사회적 거리를 통해 각 개인들이 느끼는 거리를 구분지어 보았다. 특히 문화권별로 사회적 공간을 느끼는 정도가 많이 다르기 때문에 비행을 하며 사회적 거리로 인해 당황스러운 경우가 종종 생기게 될 것이다. 특히, 유럽 또는 미주에서 온 승객들은 개인의 공간 또는 거리를 민감하게 생각하는 편이기에 개인의 공간을 침해한 경우는 사과나 양해를 구하도록 하는 것이 좋다.

SMAT
CS LEADERS 　필수이론　 사회적 거리 구분하기

거 리	사회적 거리	마음 상태
46cm 이내	Intimate space 친밀한 거리	가족, 친한 친구, 애인처럼 특별하게 가까운 사이에서 용인되는 거리.
46~122cm	Personal space 개인적 거리	직장동료, 친구처럼 사소한 이야기가 가능하며 고민을 함께 나눌 수 있는 거리로 대화가 가능한 거리.
123~370cm	Social space 사회적 거리	일상 속에서 만나게 되는 사람들과의 거리이고, 사적인 대화 보다는 필요에 의한 대화를 주로 나누는 사이. 접촉은 거의 없는 거리.
370cm 초과	Public space 공적 거리	대학 강의실과 같은 곳으로 개인적으로는 거의 모르는 사람들 사이의 거리.

▲ 스개팅 게이트가 있는 비행기

3 │ 모든 승객이 원하는 자리에 앉을 순 없다 _(좌석 안내하기)

중복 좌석이 발생하였을 경우 승무원들은 즉시 사무장에게 보고해서 승객의 불편함을 최소화 시킬 수 있도록 한다. 이때, 승무원은 탑승 중인 다른 승객들의 탑승이 늦어지지 않도록, 도와주는 역할도 해야 한다. 좌석 안내가 늦어지게 되면 결과적으론 출발 시간이 늦춰지는 결과가 발생하기에, 신속히 승객들의 보딩을 돕는 것이 중요하다. 빠른 좌석 안내가 결과적으로 정시 출발로 연결 된다는 것을 잊지 말자.

> 승객 보딩 도중, 다른 승객이 자신의 자리에 앉아있다고 불평하는 승객에게
> 어떻게 대처할 것인가?

　일단 회사 측의 잘못에 대해 사과를 먼저 드린다. 그리고 두 승객의 보딩티켓의 '편명', '비행날짜 및 시간', '좌석번호'를 다시 한 번 확인한다. 그리고 먼저 오신 승객분은 그 자리에 앉아있는 상태로 늦게 오신 승객분을 승무원 좌석(점프싯)으로 일단 옮겨 드린다. 그 주변 자리가 아닌 승무원 좌석으로 일단 옮겨드리는 이유는 혹시나 주변 좌석으로 자리를 옮겼다가, 또 다시 다른 승객분이 와서 자리를 옮겨야 할지 모르기 때문이다. 또한, 늦게 오신 승객분이 승무원 좌석에 앉지 않고 무작정 서서 기다리면 그 뒤로 들어오는 다른 승객분들이 비행기에 탑승을 하실 수 없기 때문이다. 승무원 좌석으로 옮겨 드린후 기내 인터폰을 통하여 사무장과 지상직원에게 현 상황을 알려주고, 지상직원이 또 다른 좌석의 유무를 확인할 수 있게 도와준다. 문제가 완전히 해결된 이후 승객 분을 새로 확인된 좌석으로 옮겨 드리고, 불편함과 기다려주심에 대해 감사의 말을 전한다.

▲ 승무원 좌석(Jump seat)- 승무원 좌석이지만 승객 보딩시 좌
석이 더블 부킹되면 이 자리에 잠시 승객을 머무르게 하자

구 분	대처방법
사과	불편함에 대해 사과 드림
두 승객 모두의 보딩티켓을 재확인	비행날짜, 비행편명, 좌석번호를 다시 확인
나중에 탑승한 승객을 승무원 좌석에서 기다리게 함	다른 승객들의 원활한 보딩을 위해서 반드시 통로를 개방해 놓아야한다. 일단, 먼저 앉아 계신 승객분은 자리에 있는 상태에서 늦게 오신 승객분에게 승무원 Jump seat을 권하는데 그 이유는 늦게 오신 승객분을 주변 다른 좌석에 앉혀 놓았는데, 혹시나 그 좌석의 진짜 승객이 오면 이분은 다시 한 번 일어나서 좌석을 옮겨야 하는 불편함이 발생할 수 있기 때문이다.
사무장에게 보고, 지상직원에게 전달	비행기 좌석을 옮기는 것은 반드시 지상직원이 알고 있어야 한다.(지상직원은 기내 무게 조정과 관련해서 책임을 지고 있음)
지상직원이 확인해준 좌석으로 다시 승객을 재배정	이때 승객의 짐을 들어주거나, 미안함을 다시 한 번 표현함
불편함에 대해 다시 한 번 사과	비행 중에도 해당 승객의 자리를 자주 방문하여 필요하신 것은 없는지 각별히 신경 써드린다.

출처:카타르항공 서비스 메뉴얼

Exit row는 비행기의 비상탈출구 앞에 위치한 자리로 승객의 개인 공간이 넓기 때문에 대부분의 승객들이 이 자리에 앉고 싶어 하지만, 이 자리는 비상상황 발생 시 승무원에게 도움을 줄 수 있는 사람만 앉을 수 있다. 가끔씩, 다리가 불편하신 어르신들께서 비행 중 다리를 편하게 하실려고 이 자리를 요청하시는 분들이 계시는데 원칙적으로 불가함을 설명해 드리자.

▲ 승객을 기분 좋아지게 하는 기내 엔터테인먼트 시스템(IFE-Inflight Entertainment System)

구 분	설 명
목적	• 비상 상황 발생시 승무원의 비상착륙을 돕기 위한 승객이 앉을 수 있는 자리이다.
앉을 수 있는 승객	• 보통, 군인, 경찰, 여행을 하고 있는 승무원, 전직 승무원 등 해당 항공사의 언어를 제1언어로 사용하고(보통 영어) 신체 건강한 사람들이 이 자리에 앉게 된다.
비상구 좌석에 앉은 승객의 임무	• 비상 탈출구 주변의 장애물 제거 • 비상구 외부 상황 파악 • 비상 탈출 슬라이드의 안정 유지 • 그 외 승무원 도움

출처:카타르항공 서비스 메뉴얼

▲ 비상구 좌석(Exit row)앞의 넓은 공간

4 수화물 정리 지원하기

기내 수화물은 머리 위 선반(Overhead bin)에 넣거나, 승객의 좌석 밑으로 넣도록 승객들에게 도움을 준다. 이때 머리 위 선반에 넣은 물품이 떨어지지 않도록 승객에게 당부의 말을 전한다.

이 비행기엔 응급상황 시 승객들이 사용할 수 있는 산소통이 총 5개가 필요한데, 현재 4개 밖에 없지만 1시간짜리 가까운 비행이니 그냥 비행 출발 시간을 맞추기 위해서 출발 하자고 하는 동료 승무원이 있다면, 어떻게 할 것인가?

정시출발, 정시도착은 승객과의 약속이다. 하지만 안전한 비행은 더욱 중요한 승객과의 약속이다. 1시간 밖에 걸리지 않는 가까운 비행이라 할지라도 승무원의 매뉴얼상 산소통을 5개를 가지고 비행을 해야 하는 그 이유가 당연히 존재한다. 이렇게 안전과 관련된 결정을 해야하는 상황이 있을땐 고민할 것도 없이 무조건 규정을 따라야 한다. 비행 출발은 조금 늦더라도 산소통을 5개 다 채워서 비행을 하는 것이 정석이고, 실제 기내에서도 그렇게 하고 있다.

공항에 가방을 실수로 두고 온 승객이 있다. 어떻게 대처할 것인가?

두고 온 가방의 크기와 색깔, 놓고 온 장소에 대해 문의를 한다. 사무장에게 보고하고, 지상직원에게 연락해서 비행기 출발 전에 짐을 찾을 수 있을지 확인해 본다. 놓고온 짐 때문에 비행기가 늦게 출발할 수는 없기에 보통의 경우 승객은 여행을 돌아와서 짐을 찾게 된다. 혹시나 놓고온 가방에 여권이 들어있다면 그 승객은 해당 비행기를 탈 수 없다. 이런 경우 승객은 해당 비행기에서 내려야 하고, 그 승객 때문에 해당 비행기의 모든 다른 승객들은 보안 점검을 다시 한 번 받아야 한다. 이런 경우 보통 1시간 이상 비행기의 출발시간이 늦춰진다.

외부 온도가 36도를 넘는 무더운 여름, 이제 막 비행기에 탑승한 승객이 기내가 너무 덥다고 불평할 때, 승무원인 당신은 어떻게 할 것인가?

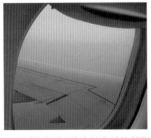

▲ 승객들이 탑승하기 전에 미리 창문 가리개를 닫아 햇빛을 막는다

여름엔 50도까지 올라가는 카타르 항공에서 근무했던 필자는 이런 불평을 정말 자주 받았다. 하지만 아쉽게도 비행기가 이륙하기 전 연결되어 있는 보조동력장치로 에어컨이 작동하기는 하지만 일부 승객은 이를 시원하지 않다고 느낄

수 있다. 따라서, 비행기가 이륙하고 나면 에어컨이 더 시원하게 작동될 것이라고 승객에게 양해를 구하자. 그리고 기내에서 준비해 줄 수 있는 얼음 물, 물 수건 등을 준비해 승객들에게 전달할 수 있도록 하자. 이런 상황을 방지하기 위해 경험있는 사무장들은 여름철 비행기의 내부 온도를 최적화 시키기 위해 미리 창문가리개(Window shade)를 덮는 등의 조치를 취함으로써 기내 온도 유지에 힘쓴다.

Roleplay 5

> 승객이 자신의 머리 위(오버헤드 빈)에 자기 짐을 놓고 싶은데, 이미 다른 사람의 짐이 올려져 있을 때?

대부분의 경우 승객들은 머리 위 선반에 자신을 짐을 넣을 때 올바른 방법으로 넣지 않는 경우가 종종 있다. 즉, 모든 공간을 활용하여 짐을 넣으면 더 많은 짐을 넣을 수 있지만, 대부분 승객들 스스로 짐을 넣을 때는 그렇지 않은 경우가 많다. 따라서 일단 손님들이 짐을 올려놓기 전에 공간을 효율적으로 활용할 수 있게 승무원은 손님들이 짐 넣는 것을 도와드린다. 그렇게해도 그 승객의 바로 머리 위에 짐을 놓을 수 없는 경우 승객에게 사과를 드리고 가장 가까운 자리에 짐을 놓아 드린다. 그리고 마지막 수단으로 그 승객 근처에 이미 놓여있던 승무원의 짐을 찾아서 다른 곳으로 옮겨, 승객을 위한 공간을 만들도록 하자.

▲ 승객의 머리 위에서 살펴볼 수 있는 공기순환기 (air vent)와 안전벨트 표시등(Seat belt sign)

> 승객 보딩 도중, 우리 항공사의 기내 좌석이 다른 항공사에 비해 너무 좁다고
> 승객이 불평할 경우 어떻게 대처할 것인가?

보딩부터 불평을 하시는 손님은 대부분 지상에서 좋지 않은 경험을 하신 뒤에 타자마자 불평을 하시는 경우가 많다. 이럴 땐 손님과 대화를 하면서 어떤 일이 있었고, 손님이 원하는 것은 무엇이지 대화를 통해 확인하도록 한다. 좌석이 좁다고 불평을 하는 경우 가장 좋은 해결법은 기내 비상구 좌석에 여유가 있어 해당 승객을 비상구 좌석으로 바꿔주는 것이 가장 좋은 해결책이다. 단, 비상구 좌석으로 바꿔줄 때 그 승객이 비상시 승무원을 도울 수 있는 조건을 만족하는 승객인지 판단한 이후, 자리를 옮겨 줄 수 있도록 한다.

알고가기 아리스토텔레스(Aristotle)가 강조한 설득

아리스토텔레스는 설득과 관련하여 에토스(Ethos), 파토스(Pathos), 로고스(Logos)의 개념을 정의하였다. 아리스토텔레스는 이 세 가지 개념을 모두 갖고 있어야 가장 효과적인 설득이 될 수 있다고 주장하였다.

에토스는 말하는 사람의 성품을 이야기하며, 말하는 사람의 성품이 훌륭해야 듣는 사람들을 설득시킬 수 있다고 아리스토텔레스는 이야기했다. 이 경우 성품에는 "체형, 자세, 옷차림, 청결, 목소리, 명성, 단어 선택, 전문성, 카리스마" 등이 포함된다고 밝혔다. 승무원들이 매 비행을 시작하기에 앞서 복장점검을 하는 것도 이러한 에토스를 염두에 둔 것이라 볼 수 있다.

파토스는 듣는 이의 심리상태를 이야기한다. 즐거움을 느끼고 있는 사람과 슬픔을 느끼고 있는 사람에게 똑같은 말을 하더라도 당연히 다르게 들릴 수 밖에 없다.

로고스는 명확한 논리를 이야기한다. 이성적 동물인 인간의 설득은 반드시 로고스를 필요로 한다. 에토스, 파토스, 로고스를 모두 포함한 여러분의 설득은 기내에서 어떤 불만을 갖고 있는 승객분이라도 여러분의 현명한 대처로 이겨낼 수 있게 만들 것이다.

승객 보딩 도중, 신혼 여행을 가는 커플이 서로의 자리가 서로 떨어져 있다고
화를 내며 이야기 할때, 승무원인 당신은 어떻게 대처할 것인가?

어떤 신혼 부부가 따로 떨어져서 비행을 하고 싶겠는가? 우선은 이렇게 상식적이지 못한 좌석 배치에 대해 승객에게 사과의 말을 전한다. 그리고 바로 옮길 수 있는 가능한 좌석을 확인해 본다. 하지만 이럴 때 승객에게 "좌석을 바꿔드리겠다."라고 바로 약속을 하면 안된다. 혹시라도 좌석을 바꿔드리지 못할 경우가 생길수도 있기 때문이다. 따라서 승객에게 "확인해 보겠다."고 말을 전달한 후 바꿀 수 있는 좌석을 확인해 보자. 지금까지의 비행 경험을 돌이켜보면 혼자 여행하는 남성 승객이 이런 경우에 좌석을 잘 바꿔주곤 했다. 만에 하나 최악의 상황으로 자리를 바꿔줄 곳을 찾지 못한다면, 그 신혼 부부에게 다시 한 번 사죄하고 그 상황에 대해서 양해를 구한다. 그리고 비행하는 내내 주기적으로 그 신혼 부부를 체크하며, 승객이 필요한 것을 챙겨 드린다. 해당 사실에 대해 사무장과 다른 동료 승무원들에게 보고하고, 비행 중 시간이 있을 때마다 해당 승객이 필요로 하는 것은 없는지 확 인 하고, 하기시 다시 한 번 오늘 비행의 불편함에 대해 사과드린다.

이런 상황이 발생하지 않게 승무원은 승객들이 탑승을 하는 보딩 순간부터 승객들을 잘 관찰하는 것이 중요하다.

Roleplay 008

> 승객 보딩 중, 창가 쪽에서 기름 냄새가 난다고 승객이 놀란 얼굴로 이야기 할
> 때, 승무원인 당신의 조치 방법은?

　간혹 보딩 중 또는 비행기가 이륙하기 전 기름 냄새가 기내에 퍼지는
경우도 있다. 이럴 땐 승객을 일단 안심시키고, 사무장과 기장에게 현재
상황을 보고한다. 기장으로부터 아무 문제도 없음을 확인한 이후, 다시
한 번 승객을 안심시키고, 우리 항공사의 기내 안전에 신경을 써줘서 고
맙다는 말을 전한다. 사무장과 다른 동료 승무원들에게 해당 사실을 공
유하도록 하고, 비행 중 시간이 있을 때마다 해당 승객이 필요로 하는
것은 없는지 확인하고, 하기시 다시 한 번 오늘 비행의 불편함에 대해 사
과드린다.

Roleplay 009

> 승객 보딩중, 자신은 인터넷에서 창가석을 예매 했는데, 실제 와보니 본인의
> 좌석이 복도 쪽이라 불평하는 승객을 대처하기 위한 방법은?

　예를 들어, 비행기의 교체, 또는 승객의 착각과 같은 여러 가지 이유
때문에 인터넷 상에서 미리 예약한 좌석이 바뀌는 경우가 있다. 일단 승
객분께 사죄의 말을 전달하고, 주변에 그 승객분께서 원하는 좌석과 바
꿀 수 있는 좌석을 확인해 본다. 또한, 보딩 중 승객의 좌석을 변경할 때
에는 반드시 사무장에게 보고하고, 지상직 승무원에게 그 사실을 전달
한다. 해당 사실에 대해 사무장과 다른 동료 승무원들에게 공유 할 수

있도록 하고, 비행 중 시간이 있을 때마다 불평을 했던 승객이 필요로 하는 것은 없는지 확인하고, 하기시 다시 한 번 오늘 비행의 불편함에 대해 사과드린다.

알고가기 불만승객은 계속 불만상태를 유지하려고 한다 = 인지부조화의 법칙

한 번 화가 난 승객이 계속해서 화를 내는 것에는 그럴 만한 이유가 있다. 레온 페스팅거(Leon Festinger)는 스탠포드 대학에서 인지부조화의 법칙(Cognitive dissonance theory)을 발표했다. "사람들은 자신의 인지(태도나 가치관)와 조화를 이루려는 방식으로 행동하려고 한다."라고 인간의 심리를 설명하고 있는 페스팅거는 자신의 생각(또는 인지)과 조화를 이루는 삶은 문제가 없지만, 자신의 생각과 부조화를 이루는 삶은 불안정하고, 그 부조화를 없애기 위해 노력한다라고 주장했다.

즉, 기내 상황으로 설명하자면 처음엔 자신의 자리가 맘에 들지 않아 승무원에게 불만을 제기한 승객도 점차 시간이 지나면서 자신의 불만을 스스로 믿고, 스스로를 합리화 시키며 "기내 청소가 덜 되었다.", "기내 온도가 적절치 못하다.", "승무원이 친절하지 못하다."와 같은 다양한 이유들을 만들어 내며 자신의 "불만인 상태"를 유지하려고 한다는 것이다. 따라서 승무원인 우리는 이런 인간의 기본 심리인 인지부조화를 깰 수 있는 즉, 승객이 놀랄 만한 방법의 서비스를 제시해 불만 고객이 놀랄만한 서비스를 제공해야 한다.

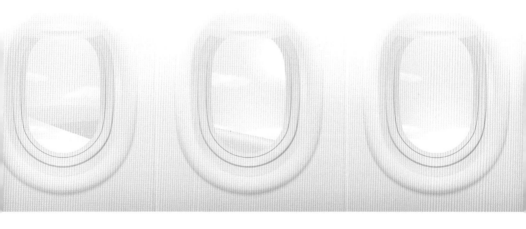

> 승객 보딩 중, 자신의 식탁(Tray table)이 너무 더럽다고, 승객이 불평할 때 승무원인 당신은 어떻게 대처할 것인가?

깨끗이 정리되지 못한 트레이 테이블 하나로 우리는 이 승객을 영원히 잃을 수도 있다. 승객분께 사과드리고 주변에 옮길 수 있는 좌석이 있다면 옮겨 드린다. 혹시 비행기가 만석이라 옮길 좌석이 없다면 승객분을 잠시 갤러나 승무원

▲ 승객들이 사용할 수 있는 트레이 테이블

점프싯에서 기다리게 한 뒤, 트레이 테이블을 깨끗이 정리한다. 비행 서비스 도중 시간이 있을 때마다 해당 좌석을 방문해서 승객이 필요로 하는 것은 없는지 확인한다. 해당 사실에 대해 사무장과 다른 동료 승무원들에게 보고하고, 비행 중 시간이 있을 때마다 불평을 했던 승객이 필요로 하는 것은 없는지 확인하고, 하기시 다시 한 번 오늘 비행의 불편함에 대해 사과 드린다.

> 승객 보딩 중, 자신의 자리가 화장실과 너무 가깝다고 다른 자리로 옮겨 달라고 불평하는 승객이 있다면, 승무원인 당신의 다음 행동은 무엇인가?

승객분께 불편함을 드린 것에 대해 사과를 드리고, 가능한 좌석이 있

으면 옮겨 드린다. 최악의 상황으로 바꿔드릴 좌석이 없다면 화장실을 자주 체크해서 냄새가 나지 않도록 하고, 좌석 주변으로 좋은 향기가 나는 방향제를 비치한다. 실제 기내에서는 이런 상황에서 커피팩을 비치하는데, 기내에서 나는 은은한 커피향을 맡게 되면, 더 이상은 어떤 승객도 냄새로 인해 불평하지 않을 것이다. 또한, 화장실에 대해 불평하는 대부분의 승객들은 냄새보다는 다른 승객들이 계속해서 왔다갔다 하는게 신경쓰여서 잠을 잘 못자는 것 때문에 불평을 하곤 하는데, 그럴 때는 잠을 쉽게 청할수 있는 수면 안대, 귀마개 등을 승객에게 제공할 수 있다.

Roleplay 12

> 승객 보딩 중, 자신의 건강 컨디션이 좋지 않다며 자리를 퍼스트 클래스로 옮겨 달라고 이야기하는 승객을 어떻게 대처할 것인가?

일단 승객분의 컨디션이 좋지 않다면 어디가 좋지 않은지 다시 한 번 확인을 해, 비행 중 불상사가 생기지 않도록 확실히 하는 것이 좋다. 기내에서 이런 상황이 발생할 때는 대부분 승객이 업그레이드를 받고 싶어서 꾀병을 부리는 경우도 간혹 있지만, 대부분의 항공사에서는 이런 경우 승객의 자리를 업그레이드 시켜 주지 않는다. 우선은 승객분께 자리를 업그레이드 시켜 드릴 수 없음에 대해서 사과를 드리고, 조금 더 편하게 쉴 수 있게 추가 담요나 베개 등을 서비스 할 수 있도록 한다. 해당 사실에 대해 사무장과 다른 동료 승무원들에게 공유하고, 비행 중 시간이 있을 때마다 이 승객께서 필요로 하는 것은 없는지 확인하고, 하기시 다시 한 번 오늘 비행의 불편함에 대해 사과드린다.

> 승객 보딩 도중, 아기를 데리고 있는 어머니 승객이 유아용 요람(Baby bassinet) 이 있는 자리로 옮기고 싶다고 하지만 이미 유아용 요람이 있는 자리는 전부 다른 승객이 앉아있다. 승무원인 당신의 다음 행동은?

아이가 있다면 유아용 요람이 있는 자리에 미리 발권을 해주는 것은 당연히 발권 카운터에서 했어야 할 일이다. 그럼에도 불구하고 이런 일이 발생한다면 일단은 이런 상황이 발생한 것에 대해 승객분께 사과를 구하고, 바꿀 수 있는 자리를 확인해 본다. 혹시나 유아용 요람이 있는 자리가 전부 아이가 있는 다른 승객분들로 인해 바꿀수 있는 자리가 없다면, 이에 대해서 해당 승객분께 다시 한 번 양해를 구하고, 비행하는

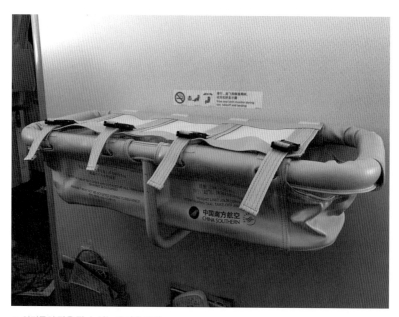

▲ 아기들이 잠을 잘 수 있는 유아용 요람

동안 필요한 것은 없는지 주기적으로 확인을 한다. 또한, 승객분께 다음 번 비행 땐 꼭 미리 유아용 요람이 있는 자리를 예약해 달라고 당부의 말을 전한다. 해당 사실에 대해 사무장과 다른 동료 승무원들에게 공유 하고, 비행 중 시간이 있을 때마다 불평을 했던 승객이 필요로 하는 것 은 없는지 확인하고, 하기시 다시 한 번 오늘 비행의 불편함에 대해 사 과 드린다.

Roleplay 14
핵심 기내 롤플레이 123

승객 보딩 시 계속해서 통로를 막고 자신의 짐 정리를 하고 있는 승객에게, 승무원은 어떻게 할 것인가?

통로를 막고 있는 승객분에게 다른 탑승하는 승객분들께 지장을 줄 수 있음을 알려드린다. 지나가는 다른 승객분들을 먼저 지나가게 하고, 어느 정도 마무리가 되었을 때 승객분께서 짐 정리를 마치실 수 있게 승 무원이 도움을 주는 것도 좋은 방법이다.

이 때 "당신이 길을 막고 있어서 다른 고객분이 지나갈 수 없 다."와 같은 직접적 표현 본다는 본 교재의 뒤에서 배 우게 될 쿠션화법을 사용해서 "고객님 죄송하지만, 다른 분들이 지나가실 수 있게 공간을 좀 마련해 주 실 수 있으신가요? 제가 고객님의 짐 정리를 함께 도와드리도록 하겠습니다."와 방법으로 이야기 하도록 하자.

승객 보딩 중 손님이 찾고 계신 스포츠 신문을 전부 다른 손님들이 보고 계실 때?

기내에 신문이 실리긴 하지만 모든 승객분들이 자신이 원하는 신문을 다 보실 순 없다. 이럴 경우 그냥 신문이 다 떨어졌다고 이야기할 게 아니라 다른 신문이나 잡지를 권한다. 꼭 그 신문을 원하시면 동일한 신문을 보고 계신 다른 승객분을 찾아, 그 승객분께서 신문을 다 보신 뒤에 그 신문을 깨끗이 잘 접어서, 신문을 요청하셨던 승객분께 전해드린다.

우리 비행기에는 기내 슬리퍼가 없는데, 승객이 기내 슬리퍼를 요청할 때?

같은 항공사더라도 비행 목적지, 또는 비행 출발 시각에 따라 기내 슬리퍼가 실릴수도, 그렇지 않을 수도 있다. 만약 슬리퍼가 실리는 비행이라면 승객에게 전해드리고, 그렇지 않다면 죄송하다는 말을 전하며 슬리퍼 대신 사용 가능한 양말을 권한다. 아무것도 기내에 준비되어 있지 않다면 사죄의 말과 함께, 비행 내내 승객을 더 신경써서 보살필 수 있도록 하자.

불만을 제기한 승객의 불만을 처리하지 못하더라도, 계속해서 그 승객에게 관심을 쏟아야 하는 이유

불만승객의 불만을 해결해주면 좋지만, 그렇지 못한 경우도 종종 발생하곤 한다. 그런 대부분의 경우 승무원은 해당 손님이 하기하기 전까지 계속해서 다양한 방법으로 그 손님에게 다른 서비스를 제공하려 한다. 그 이유는 무엇일까? 바로 빚지고 못사는 인간의 심리 때문이다. '빚지고 못산다.'는 말처럼 누군가가 나를 위해 무언가를 해 주었을 때, 우리는 그 사람의 호의에 반드시 보답을 해야 한다는 심리상태를 갖게 된다.

기내에서 슬리퍼를 요청한 승객에게 아무것도 제공하지 못한 상황이라고 생각해 보자. 그런 경우에도 승무원은 승객에게 슬리퍼가 아닌 다른 것(사죄의 마음을 담은 샴페인 또는 초콜릿)을 해당 승객에게 제공한다. 승무원의 예상치 못한 호의(샴페인 또는 초콜릿)에 승객은 그 호의에 보답을 해야 한다는 심리를 갖게 된다. 이런 심리 상태가 발생하기에 의외로 불평이 일어났던 현장에서 직원의 적절한 조치가 이루어진다면, 해당 조치 이후 그 직원에 대한 승객의 긍정적인 태도가 오히려 많이 발생하게 되는 것으로 알려져 있다.

Roleplay 17

손님이 머리 위 선반에 짐을 겹쳐서 쌓고 있는 경우?

상당히 위험한 상황이다. 비행 중 터뷸런스로 인해 흔들린다면, 쌓아 놓은 짐이 쓰러져, 머리 위 선반을 열 때 다른 승객분의 머리에 떨어 질 수 가 있다. 따라서 이런 상황에 대해 설명 해 드린 뒤, 승객분의 짐을 다른 머리 위 선반이나 승객의 다리 밑에 넣을 수 있도록 제안해 드린다. 또한, 승무원들은 항상 이런 일이 발생하지 않도록 승객들의 보딩을 도우면서 승객들을 모니터링 할 수 있도록 한다.

승객 보딩 중, 자신이 우리 항공사의 단골 승객이라며 자리를 퍼스트 클래스로 옮겨 달라고 이야기하는 승객에게 어떻게 할 것인가?

　이런 상황은 우리 항공사의 퍼스트 클래스 승객이 그날 비행 좌석 상황으로 인해 이코노미 클래스에 앉게 된 경우도 있고, 아니면 그 손님이 자신의 자리를 업그레이드 받기 위해서 거짓말을 하는 경우도 있다. 일단은 아직 비행기가 출발을 하기 전이라 퍼스트 클래스에 좌석의 여유가 있다면 사무장과 지상직원과 이야기를 해서 그 승객의 자리를 옮겨줄 수 있다. 하지만 좌석을 옮겨줄 수 있는 상황이 되지 않는다면, 승객분께 사과를 드리고 이코노미 클래스 좌석에서 최고의 서비스를 제공하도록 한다.

🖐 알고가기　**사과의 의미로 전달하는 초콜릿은 효과가 있을까?**

　앞서 불만승객의 요청을 처리 못한 경우 사죄의 마음으로 샴페인이나 초콜릿을 주는 것이 좋다고 이야기를 했던 것을 기억하는가? 우리 항공사의 이름이 새겨진 볼펜도 좋다. 하지만 샴페인과 초콜릿처럼 먹는 것이 더 좋은 심리학적 이유가 있다. 이러한 심리적 현상을 우리는 런천 테크닉(Luncheon Technique)라고 부른다. 영화를 보면 정치인들이나 대기업의 총수들이 중요한 이야기를 식사자리에서 하는 경우를 종종 보곤한다. 그 이유는 식사자리에서는 타인의 공감을 더욱 얻기 쉽기 때문이다. 미국의 심리학자 레즐런(Razran)은 정치적 의견을 토론하는 장소에 관한 실험을 진행하였다. 식사 전과 식사 후를 비교해 봤더니 식사 전보다 식사를 끝내고 나서 더욱 호의적인 반응을 이끌어 낼 수 있었다. 승무원이 된 여러분이 승객에게 줄 수 있는 여러 가지 옵션의 선물이 있다면, 기왕이면 먹을 수 있는 것을 전달하자. 런천 테크닉으로 인해 승객은 여러분에게 더욱 공감하게 될 것이다.

부피가 너무 큰 짐을 들고 기내에 탑승하신 승객분?

일단 기내 반입 가능한 수화물 기준에 대해 승객분께 설명해 드리고, 부피가 너무 큰 짐은 기내가 아닌 카고로 옮길 수 있도록 도와드린다. 이런 상황을 사전에 방지하기 위해 손님들이 탑승을 하는 보딩의 순간 승무원은 적극적으로 손님이 들고 있는 짐을 확인하는 태도가 필요하다.

승객이 물건 보관을 요청할 경우

순 서	설 명
위탁 물품의 종류	• 대개의 경우 양복, 겨울 겉옷, 부피가 있는 여행용 가방 등이다. • 승객에게서 물품을 받을 때 반드시 귀중품은 없다는 것을 재확인 할 수 있도록 하자.
Name Tag를 사용	• 반드시 좌석 번호를 적은 Name tag을 사용한다. • 간혹 바쁘다는 이유로 Name tag을 사용하지 않는 경우가 있는데(승무원 자신이 손님의 좌석 번호를 외우고 있기에), 만에 하나 깜빡할 경우도 있기 때문에 다른 승무원 누가 봐도 알 수 있게 Name tag을 사용한다
보관 장소를 승객에게 알려줌	• 승객이 비행 중 필요한 것이 있을 수 있으니 장소를 반드시 승객에게 알려줘야 한다.
다른 동료에게 알려줌	• 승객의 물품을 갖고 있다는 것을 동료 승무원들에게도 알려줘야 한다. 특히, 장거리 비행을 하다보면 승무원도 사람이기에 잊어버리는 경우가 생기는데 이를 방지하기 위함이다.
승객 하기시 돌려줌	• 착륙한 이후 승객에게 돌려주지 못한 짐은 있는 지 확인한다.

출처:카타르항공 서비스 메뉴얼

핵심 기내 롤플레이 123

대가족(6명)이 탑승했는데, 서로 자리가 떨어져 있는 경우?

상식적으로 생각하자. 당연히 함께 앉을 수 있도록 자리를 마련해 주는 것이 좋다. 최대한 자리를 바꿔줄 수 있는 다른 승객을 찾아본다. 하지만 최악의 경우 자리를 바꿔주지 못하는 경우도 발생는데 이럴 때는 승객에게 앉은 자리에서 승무원이 제공할 수 있는 최고의 서비스로 보답하는 수 밖에 없다. 또한, 승객에게 다음번 비행기를 탈 때에는 미리 온라인으로 체크인을 해서 이번과 같은 일이 발생하지 않을 수 있게 언급해 준다.

특히 중동지역 비행이나 인도 쪽으로 가게 되면 가족이 10명도 넘는 상황을 종종 마주치게 될 것이니, 그에 대한 마음의 준비를 하고 있자.

연세 많으신 어르신께서 자신의 원래 자리가 비좁다며, 비상구 좌석에 앉고 싶다고 하실 때?

비상구 쪽 좌석은 공간이 넓기 때문에 모든 승객분들이 앉고 싶어 하시지만 이 구간은 비상탈출 상황 발생 시 승무원의 비상탈출을 도울 수 있는 사람을 위한 자리이다. 따라서 나이가 많으신 분들이나 어린이와 같은 승객들은 이 자리에 앉을 수가 없다. 이러한 사실을 승객분께 설명을 드리고, 주변에 두 좌석이 연달아 비어있는 넓은 자리가 있다면 승객분께 그 좌석을 권한다. 단, 비행 중 자리를 다른 곳으로 옮겼다면 비행기의 안전한 이·착륙을 위한 무게중심이 잡혀야 하기 때문에 자리를 옮기셨던 그 승객분은 자신의 원래 좌석으로 돌아가셔야 함을 알려드린다.

🖼 키즈카페 파트타임 근무 경력도 승무원 업무에 도움이 된다(특수 승객 지원하기)

어린이 승객

어린이 승객은 항공산업에 있어서 가장 중요한 승객층으로 모든 항공사들이 집중하고 있는 승객층이기도 하다. 대부분의 항공사는 비행 중 어린이 승객만을 따로 돌보는 어린이 담당 승무원(Child care crew)을 지정해 놓고 있다. 어린이를 돌보는 어린이 담당 승무원은 비행 중 모든 어린이를 돌볼 책임이 있고, 비행 중 어린이들에게 안전하고 즐거운 비행을 제공할 의무가 있다.

어린이 담당 승무원의 역할

구 분	설 명
지상 서비스	• 아이들에게 기내에서 제공되는 아이 선물을 건네준다. • 시간이 된다면 아이들과 간단한 대화의 시간을 갖는다. • 아이에게 자기소개를 하고, 비행 중 필요한 게 있으면 불러달라고 이야기한다. • 아이용 안전벨트를 제공하고, 설치해 준다. • 특별한 요청사항은 없는지 미리 확인한다. 예를 들어, 따뜻한 우유, 언제 식사를 하고 싶은지, 특별 주문한 식사가 있는지
이륙한 이후	• 유아용 요람을 설치한다(필요시). • 아이용 IFE(InFlight Entertainment)를 볼 수 있게 도와준다.
기내 서비스	• 다른 승객들보다 먼저 아이의 식사를 제공해서 부모들이 나중에 편안한 식사를 할 수 있게 돕는다. • 주문한 아이용 스페셜 식사가 맞는지 확인한다. • 만약 아이가 자고 있다면, 나중에 아이가 깨고나서 식사를 할 수도 있다는 것을 미리 생각하여, 준비를 해 놓는다. • 식사 중에 필요한게 있는지 한 번 더 확인한다. • 매 30분마다 아이와 부모에게 필요한 것은 없는지 확인한다.

출처:카타르항공 서비스 메뉴얼

비동반 소아(UM:Unaccompanied minor)는 5세부터 11세의 어린이 중 보호자 없이 혼자 여행하는 어린이들로 담당 승무원이 비행기에 탑승하는 순간부터 내리는 순간까지 모든 것을 책임져야 한다.

📍 비동반 소아 담당 승무원의 역할

구 분	설 명
자기소개	승무원은 자기소개를 하며, 아이 기념품을 건네준다.
특별 요청 식사나 특이 사항 확인	여분의 담요나 베개를 챙겨주고, 특별 식사를 요청한게 있다면 미리 챙겨준다.
주의 사항	절대 알콜은 서비스하지 않는다. 30분마다 모니터링 한다.
하기시	목적지 도착 시 담당 승무원이 직접 대기하고 있는 지상직원에게 아이의 서류와 함께 인계한다.

출처:카타르항공 서비스 메뉴얼

🎈 몸이 좋지 않은 승객

보딩 중 건강상태가 좋아보이지 않는 승객을 확인하면, 즉시 사무장에게 이를 알린다. 승객리스트(PIL:passenger information list)를 확인하고, 적절한 조치를 취할 수 있도록 한다.

🎈 몸을 움직일 수 없는 승객-항공침대(Stretcher)를 사용하는 승객

항공침대를 사용하는 승객은 반드시 의사나 간호사와 함께 탑승한다. 비행 중 매 30분마다 해당 승객들에게 필요한 것은 없는지 보호하는 의사나 간호사에게 상의한다.

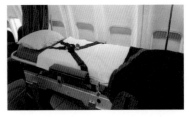

▲ 기내에 설치된 항공침대

휠체어를 사용하는 승객

휠체어를 사용하는 승객에 대한 서비스

구 분	설 명
휠체어 승객을 정해진 자리로 안내	정해진 좌석으로 안내해 드린다.
휠체어 종류에 따른 적절한 조치	• 신체의 불편한 정도에 따라 WCHR, WCHS, WCHC의 3단계로 나눈다. • WCHR(Wheelchair ramp): 먼 거리를 걸을 수는 없지만 계단을 올라가고, 내려가고는 하실 수 있는 승객 • WCHS(Wheelchair step): 계단을 올라가고, 내려가고는 하실 수 없지만 평지에선 자기 자리까지 가실 수 있는 승객 • WCHC(Wheelchair carry): 휠체어 없이는 완전히 움직일 수 없는 승객 • 정도에 따라 적절한 서비스를 제공한다
필요시 기내 휠체어 제공	• 좁은 기내에서만 사용 가능한 휠체어가 준비되어 있다. 화장실을 가실 때 준비해 드릴 수 있도록 한다
매 30분 마다 필요한게 있는지 확인	• 일반 승객보다 더 자주 신경쓰도록 하자
하기시 마지막에 내리심	• 휠체어를 사용해야 하기에 하기시엔 다른 승객분들이 모두 내리신 이후에 내릴 수 있도록 도와드린다.

출처:카타르항공 서비스 메뉴얼

⚲ 의사소통에 문제가 있는 승객

외국어 사용으로 의사소통에 문제가 있는 승객이 있다면 주변에 도움을 줄 수 있는 다른 승객은 없는지 확인한다. 서비스 중엔 바디랭귀지를 사용한다. 예를 들어, 메뉴를 주문하실 때 언어가 통하지 않을 때, 음식 커버를 직접 벗겨서 어떤 메뉴인지 보여 드릴 수 있도록 한다.

⚲ 눈이 보이지 않는 승객

탑승시엔 승객이 승무원의 팔을 잡고 걸을 수 있게 도와준다. 승객이 천천히 승무원의 뒤를 따라서 좌석까지 올 수 있게 도움을 준다. 좌석에 앉은 이후 승객이 앉아있는 쪽에서 비상탈출구의 위치는 어디인지, 화장실의 위치는 어느 방향인지와 같은 기본적인 기내 정보를 알려준다. 식사를 제공할 때에는 식사 트레이를 시계 방향 순서대로 설명해 줄 수 있도록 한다.

⚲ 듣는 데 어려움이 있는 승객

듣는 데 어려움이 있는 승객은 입술의 모습을 보고 승무원이 말하는 것을 이해할 수 있기 때문에 천천히 승객을 쳐다보며 이야기할 수 있도록 한다. 필요시 메모를 활용해 승객과 소통할 수 있도록 한다.

탑승 중 아이가 고열이 있어 보일 때?

신속히 아이의 부모에게 아이의 상태에 대해 확인을 하고 사무장에게 보고, 지상직 직원과 통화하여 비행기가 출발하기 전 지상에서 할 수 있는 조치를 취한다. 이런 경우 가장 좋은 해결책은 고열이 있는 아이에게는 비행을 시키지 않는 것이다. 특히나 유아일 경우 성인과 달리 비행 중 갑자기 건강 상태가 나빠질 수 있으니 고열이 있는 유아는 특별히 신경 쓸 수 있도록 하자.

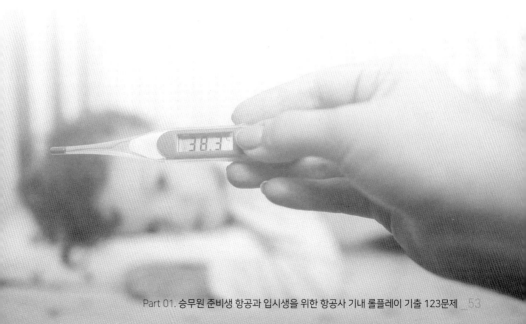

> 아이가 Baby bassinet을 사용하기엔 너무 큰 상태임에도 불구하고, Baby bassinet 설치를 요구하시는 승객분이 계신다면, 당신은 어떻게 대처할 것인가?

아이 어머님껜 죄송하지만 아이의 안전상 절대 설치 할 수 없다. Baby bassinet은 최대 14kg의 아이까지만 사용할 수 있다. 이미 이 승객은 티켓 발권을 하면서 지상직원으로부터 그러한 사실을 인지 받았을 것이다.

이런 경우 승객분께 사과드리며 다시 한 번 아이의 안전에 대해 강조한다. "이미 체크인 시 설명을 들으셨을 것 같지만, Baby bassinet은 14kg의 아이들까지만 사용 가능합니다. 두 개의 핀으로 고정이 되는 Baby bassinet이기 때문에 어머님의 불편함은 이해하지만 아이의 안전

▲ 에미레이츠 항공 유니폼을 입은 인형

을 위해서 Baby bassinet을 설치해 드리기 힘들 것 같습니다. 대신 제가 어머님이 계신 자리를 담당하고 있으니 자주 찾아오도록 하겠습니다. 또한, 필요하신게 있으시면 팔 옆에 위치한 콜벨을 눌러주시면 제가 바로 처리해 드리도록 하겠습니다."라고 말을 전달한다. 해당 사실에 대해 사무장과 다른 동료 동료들과 공유하고, 비행 중 시간이 있을 때마다 해당 승객께서 필요로 하는 것은 없는지 확인하고, 하기시 다시 한 번 오늘 비행의 불편함에 대해 사과드린다.

유아를 동반한 승객이 자신이 쉬는 동안 아이와 놀아 달라고 요청할 때?

아이 역시 우리 항공사의 손님이다. 기내에서 즐거운 시간을 보낼 수 있게 아이 장난감을 준비해 주거나, 아이들이 좋아하는 기내 영화를 준비해 줄 수 있도록 하자.

▲ 기내에서 유아들의 관심을 끄는 장난감

출산이 거의 가까운 임산부가 탑승하였을 때?

가장 먼저 임신 관련 서류를 작성하셨는지 확인한다. 필자는 기내에서 출산을 경험해 본적은 없지만, 주변 동료들을 보면 기내에서 의외로 출산을 경험해 본 승무원들도 많은 것을 볼 수 있다.

또한, 비행을 하는데 있어서 여분의 베개나 담요를 준비해 드리고 추가적으로 승무원의 도움이 필요하다면 꼭 이야기 할 것을 당부하며, 매 1시간마다 임산부 승객을 찾아 비행에 무리는 없는지 확인해 주는 것이 필요하다.

여행 단체가 탑승한 경우, 어떻게 서비스 할 것인가?

가장 먼저 단체 여행의 리더를 찾는다. 어느 그룹이던 리더는 있기 마련이다. 리더와 인사를 나누며 비행 중 특별히 도와줄 사항이 있는지 먼저 확인하도록 한다. 그룹의 리더를 확인해 놓은 경우 특히, 도착 전 서류 작성시 여러 명의 개별 손님들의 서류 작성을 도와주는 것보다 리더 한명에게 서류 작성을 알려주면 그 리더가 자기 단체의 다른 승객들의 서류 작성을 하는데 도움을 주기도 한다.

안색이 불편해 보이는 승객분이 탑승 하신 경우?

아픈 승객이 계신다면 보딩시에 파악해서 적절한 조치를 취하는 것이 가장 중요하다. 혹시나 안색이 안좋아 보이는 승객이 비행 도중 건강이 악화되기라도 한다면 비행 중 발생하는 모든 일을 승무원이 혼자서 떠 맡아야 한다. 승무원은 고도 28,000ft 위에서 승객의 건강과 관련된 모든 일을 스스로 해결해야 하는 직업임을 잊지말자. 따라서, 보딩 중 표정이 밝지 못하거나 안색이 불편해 보이는 승객을 관찰하게 된다면 반드시 무슨 이유인지를 확인해야 한다. 혹시 건강이 좋지 못한 승객이라면 사무장에게 즉시 보고하고, 지상직 승무원에게 그 사실을 알려 다음 조치를 취할 수 있도록 한다.

아이 유모차가 너무 커서 기내에 들고 타기 힘들 경우?

아이 유모차가 너무 클 경우 기내에 비치할 곳이 없다. 이런 경우 부모에게 양해를 구하고 유모차를 건네받아, 카고(짐칸)에 넣어서 옮길 수 있도록 한다. 또한, 비행기가 착륙한 다음 승객이 비행기 문에서 바로 아이 유모차를 건네 받아 사용할 수 있도록 준비를 해 놓는다.

장애가 있는 승객분이 탑승하셨을 때?

어떤 불편함이 있으신지를 파악한 이후 동료 승무원들과 해당 사항에 대해 공유를 한다. 기본적으로 화장실의 위치, 콜벨의 위치, 비상탈출구의 위치 등에 대해 알려드린다. 하지만 지나친 관심은 오히려 승객에게 부담으로 작용할 수 있다는 것을 명심하자.

Roleplay 030

비행기가 이륙하기 전 지상에서 Baby bassinet을 설치해 달라고 요청하는 승객?

Baby bassinet은 비행기 이·착륙시엔 설치가 불가함을 알려드리고, 비행기가 비행 고도에 이르면 설치해 드릴 것을 약속해 드린다. 지상에서 아이에게 필요한 것은 없을지 부모님께 확인을 하고, 여분의 담요나 베개, 기내 유아 용품을 챙겨 드린다.

Roleplay 031

부모 없이 어린이 혼자 탑승한 경우, 어떻게 서비스 할 것인가?

이런 경우 대부분의 항공사는 UM서비스를 제공한다. 아이가 탑승할 때부터 내릴 때 까지 전담 승무원을 배치하고, 비행 중 30분마다 전담 승무원이 아이를 방문해 비행 중 필요한 것은 없는지와 같은 사항을 확인한다.

당뇨 질환 승객이 탑승 했을 경우?

당뇨 질환 승객이 탑승한 경우 대부분 승객 본인이 가지고 있는 인슐린을 기내 냉장고에 보관해 달라고 요청하는 경우가 많다. 이런 경우 사무장에게 보고 및 다른 동료 승무원과도 정보를 공유하고 기내 냉장고에 인슐린을 보관하고, 비행 중 승객이 필요한 것은 없는지 매 30분마다 확인할 수 있도록 한다.

나이가 많으신 고령의 할아버지 승객분이 탑승하셨을 때?

당연히 다가가서 짐을 함께 들어드리고 자리를 찾으실 수 있게 도와드린다. 화장실의 위치나 필요하신 게 있다면 콜벨을 누르실 수 있음을 알려드린다.

02

고도 35,000ft에서
제공되는
비행 중 서비스

1 **최고급 호텔 요리사도 승무원이 된다고?**(비행 중 서비스)

🎈 기내식 제공하기

 항공사의 객실서비스는 승객이 여행의 과정을 거치는 동안에 이용 또는 제공받는 시설물 즉, 식음료, 항공기 좌석, 신문, 기내영화, IFE 시스템과 같은 물적 서비스와 객실승무원이 제공하는 친절함, 세련됨, 정중함, 안전함, 쾌적함과 같은 인적 서비스로 구성되어 있다. 이런 물적 서비스 중 하나인 기내 식음료 서비스는 단순히 기내에서 밥을 먹는다 정도의 서비스가 아닌 해당 서비스를 받아 보기 위해 승객들이 항공사를 선택할 정도로 승객들이 느끼는 가치가 커져가고 있다.

최초의 기내식은 1919년 런던-파리를 운항한 노선에서 초콜렛, 과일 등을 제공했던 것이 시작이었으며, 그 이후 항공기체가 대형화 되고 장거리 비행이 늘어남에 따라 기내식 시설이 발전하게 되었다. 워낙 다양한 승객들이 비행을 하다보니 모든 승객들을 다 만족시킬 수는 없지만 대부분의 항공사 기내식은 서양식과 자국음식을 두 가지 메인 옵션으로 준비를 해 놓는다. 또한, 단골 승객에 대한 배려 차원에서 식사 메뉴는 보통 3달을 기준으로 바뀌고 있으며, 종교나 건강상의 이유로 특별식 메뉴 역시 제공하고 있다. 각 항공사간 치열한 경쟁이 벌어지는 탓에 기내식 서비스 역시 크게 발전하고 있는데 5스타 항공사인 카타르 항공은 상위 클래스에선 세계적으로 유명한 쉐프가 직접 개발한 기내식 메뉴를 제공하기도 하고, 에티하드 항공엔 5스타 호텔 출신의 요리사가 직접 승무원으로 탑승을 해 기내식 서비스를 제공하기도 한다.

기내식의 경우 소화가 잘되고 흡수되기 쉬운 저칼로리 식품으로 구성이 되어 있다. 또한 기내식은 기내에서 만드는 것이 아닌 케이터링 부서에서 운항 스케줄에 맞춰 미리 음식을 조리해 놓고, 그 음식을 정해진 컨테이너에 담아 놓았다가, 기내에 비치된 오븐으로 재조리한 다음 승객

기내에서 제공되는 기내식의 모습

▲ 짧은 구간에서 제공되는 스낵류

에게 제공 된다. 항공사에 따라 기내식과 관련하여 항공사마다 서로 다른 서비스 규정을 갖고 있지만 일반적으로 2시간 이하의 비행에선 데울 필요 없는 간단한 샌드위치류(Cold meal)가 제공되고, 2시간 이상의 비행에선 오븐에서 데워야 하는 따뜻한 식사(Hot meal)가 제공 된다. 또한, 대부분 항공사의 식사(Meal tray)는 메인(Entree), 샐러드(Salad), 빵(Bread), 디저트(Dessert)로 구성되어 있다.

📍 특별 기내식

목 적		기 내 식
건강상 이유	GFML(gluten free)	• 글루틴이 들어가 있지 않은 메뉴로 글루틴 민감성 장 질환, 만성 소화 장애, 밀 알레르기 환자를 위한 기내식 • 미국 비행에서 많이 볼 수 있음
	DBML(diabetic meal)	• 당뇨병 환자를 위한 당이 포함된 식재료 사용을 금한 기내식.
	LFML(low fat meal)	• 저지방, 저 콜레스테롤의 성인병 환자용 기내식
	No dairy product	• 우유를 먹지 못하는 승객을 위한 기내식
연령상 이유	BBML(baby meal)	• 24개월 미만의 유아식
	CHML(child meal)	• 어린이를 위한 기내식
종교상 이유	KSML(kosher meal)	• 유대교 율법에 따라 만든 기내식으로 돼지고기를 사용하지 않음. KSML은 따로 분리된 장소에서 만들어져야 됨. 반드시 밀봉되어 있는 상태로 기내 탑재된다. 승무원이 승객에게 KSML을 보여주면 승객이 직접 개봉을 한 이후, 승무원이 승객으로부터 이를 다시 받은 뒤 오븐에 데워서 식사 준비를 할 수 있도록 함
	HNML(hindu meal)	• 소고기를 제외한 힌두교도를 위한 기내식으로 대부분의 인도 비행은 HNML 메뉴임

출처:카타르항공 메뉴얼

🎈 기내 오락물 제공하기

- **기내 영화 서비스** : 미국의 Trans World Airlines에서 1961년 세계최 초로 영화를 상영한 이후, 기내 영화 감상은 장거리 비행의 필수 요소가 되어버렸다. 몇 년 전까지만 하더라도 기내 설치된 커다란 모니터를 통해 여러 명이 1개의 영화를 동시에 봐야 했지만, 요즘 대부분의 기내에선 AVOD(Audio video on demand)가 설치된 개인 모니터 로 영화나 음악을 감상한다.

- **인터넷 서비스** : 에미레이츠항공, 카타르항공, 델타항공, JAL등 대 부분의 대형 항공사에서 기내 인터넷 서비스를 제공하고 있다. 하 지만 국내에서는 아직까진 아시아나항공의 신형 기종인 에어버스 350만이 인터넷 서비스가 가능하다는 것은 아쉬운 일이다. 조만간 대한항공도 기내 인터넷 서비스를 도입할 예정이라 한다.

- **기내 이벤트 서비스** : 국내 대부분의 LCC에선 기내 이벤트 서비스를 제공하고 있다. 기내 서비스와 같은 경우는 인적 서비스와 물적 서 비스가 결합하여 승객들에게 기내에서 잊을 수 없는 추억을 제공 하는 최고의 서비스로 승객들에게 인기가 많다.

팀 구분	활동 내용
게임팀	가위바위보, OX QUIZ, 기내빙고와 같은 활동. 기내에서 즐거운 게임을 진행함
매직팀	카드마술, 딜라이트공연, 무대마술을 보여주는 매직팀
뷰티풀 플라잇	창 밖으로 보이는 야경을 안내해 줄 뷰티풀 플라잇팀
일러스트 팀	승무원이 직접 그려주는 캐리커처와 페이스페인팅
풍선의 달인	귀여운 하트풍선에서 예쁜 꽃 팔찌까지, 다양한 풍선아트
악기연주팀	기내에서 즐겁고 신나는 음악을 연주하는 기내 악기연주 팀
제이제이팀	소중한 승객의 신청사연에 깜짝이벤트로 감동을 선물할 기내이벤트팀
JAFUN 팀	일본노선 특화서비스 제공

출처:제주항공(2019)

2 기내 조명도 서비스가 될 수 있다고? (물리적 근거)

최신식 기종은 다양한 색상의 조명을 가지고 기내 상황에 맞춰 적절히 활용하고 있다. 대한항공의 보잉 787 드림라이너는 탑승, 순항, 식사, 취침, 기상의 다양한 상황에 맞춰 모드가 지원되는 LED 조명을 갖추고 있다. 또한, 장시간 비행일 경우 승객의 시차 적응을 위해 다양한 조명 모드를 활용하여 사용하고 있다.

객실 온도는 비행하는 국가에 맞춰 다르게 운용하지만 보통 24도씨를 기준으로 운용하고 있다. 기내 에어컨 시스템은 항공기 내외부로 공기를 순환시킴으로써 쾌적한 기내를 유지하고 있다. 또한, 기존의 비행기에선 기내 건조로 인한 승객들의 불편함이 많이 있었는데 새로 등장하는 기종(보잉 787이후)에선 별도의 가습 장치를 통해 기내 공급되는 공기의 습도를 높여 더욱 쾌적한 기내 환경을 조성하고 있다.

식사 서비스가 끝난 후 대부분의 승객분들이 휴식을 취하는 동안 객실승무원들은 담당구역을 정기적으로 순회하여, 객실의 안전과 쾌적성을 유지할 수 있도록 노력한다.

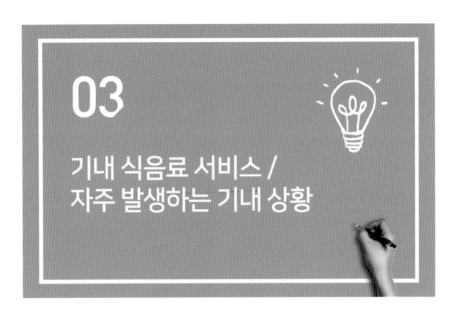

기내 서비스 도중 아이스가 떨어졌을 때, 어떻게 할 것인가?

항상 기내 서비스 물품은 넉넉하게 실리지만 상황에 따라서 특정 물품이 모자라게 되는 경우도 발생한다. 비행 중 특정 아이템이 부족하게 되면, 일단 다른 승무원이 사용하고 있는 카트를 확인해보고, 비즈니스 클래스나 퍼스트 클래스 역시 확인을 해본다. 아이스는 대부분 음료를 차갑게 하려고 사용이 되는데, 어느 곳에서도 아이스를 구하기 힘들어질 경우엔 갤리에 설치 되어 있는 냉장·냉동고를 사용해서 음료를 차갑게 할 수 있다.

알고가기　"소화기를 갖고 오세요."라고 하는 순간 기내는 아수라장이 된다.

거짓말을 하는 승무원에 대해 어떻게 생각하는가? 실제로 항공사 교육 시간에 거짓말을 가르친다면 믿을 수 있겠는가? 기내에서 승무원들이 의도적으로 승객에게 진실을 다르게 포장해서 이야기하는 경우는 바로 안전과 관련된 상황에서이다. 서비스업에 종사하는 우리는 "긍정적 단어"의 사용이 얼마나 중요한지 잘 알고 있다. 기내에서 화재상황 발생시 승무원들은 절대로 다른 동료에게 소화기를 갖고 오라고 이야기 하지 않는다. 대신 승무원들은 기내에 있는 소화기를 소화기라 부르지 않고 BCF(Bromochlorodifluoromethane)라고 부른다. 사실 이 명칭은 화재를 제압할 때 쓰이는 화학제품의 공식명칭이다. 그럼에도 불구하고 승무원들이 기내에서 "소화기를 가져오세요."라고 하지 않고 "BCF를 가지고 오세요"라고 말하는 이유는 단 하나다. 바로 "소화기를 가져 오세요."라고 하는 순간 기내가 아수라장으로 변하는 것을 알기 때문이다.

핵심 기내 롤플레이 123
Roleplay　35

승무원들의 급여에 대해 문의하는 승객?

군이 급여를 숨겨야할 필요는 없다. 또한, 객실승무원은 비행 스케줄마다 승무원 각각의 월급이 달라지기 때문에 대략적인 금액을 이야기하는 것도 무방하다.

알고가기　네 친구보다 승무원의 한 마디가 더 영향력이 큰 이유.

"입고 계신 옷의 색상이 피부랑 굉장히 잘 맞으시네요."라고 오늘 처음 본 승무원에게서 칭찬을 들었다. 그리고 "네 피부색이랑 옷 색상이랑 참 잘어울려."라고 친구로부터 칭찬을 들었다. 여러분은 어떤 상황에 기분이 더 좋아지는가? 아마 대부분은 오늘 처음 본 승무원으로부터 칭찬을 들었을 때라고 답변할 것이다. 미국의 심리학자 애런슨(Aronson)은 관계가 깊은 사람보다 그렇지 않은 사람으로부터 칭찬을 받을 때 더 기분이 좋은 심리적 현상을 발견했다. 비행시간이 너무 길어 잠에 들지 못해 갤리를 기웃거리는 승객과 마주쳤다면 그 승객에 대한 칭찬을 한 번 던져보자. 칭찬은 칭찬을 불러온다고 했다. 여러분의 칭찬 한마디가 어떤 더 큰 칭찬이 되어 돌아올지 아무도 알 수 없다.

자신의 자녀가 승무원을 꿈꾸고 있다며, 같이 사진 찍을 것을 요청하는 승객?

응하지 않을 이유가 절대 없다. 함께 추억에 남을 만한 사진을 찍어주자. 단순히 음식만 제공하는 것이 아닌 승객에게 잊지 못할 추억을 주는 것이 우리 승무원의 역할이다.

식사 서비스 도중, 고객분이 원하는 메뉴가 다 떨어져서 없을 때?

승객분께 제공 가능한 다른 메뉴를 추천한다. 그래도 승객이 원하는 메뉴가 없을 때에는 타 클래스에서 제공중인 다른 메뉴를 마지막 옵션으로 제공할 수 있다. 단 이럴 경우 주변의 다른 승객들이 이러한 사실을 모르게 진행하는 것이 좋다. 또한, 그 다음 서비스가 진행될 경우엔 동일한 실수가 반복되지 않도록 해당 손님이 원하는 메뉴의 주문을 먼저 받아 놓는다.

알고가기 **"비빔밥 먹으려고 K항공 탔는데, 비빔밥이 없다뇨?"**

대부분의 신입승무원이 가장 어려워하는 사항이 다음처럼 손님이 원하는 메뉴가 없는 상황이다. 하지만 승무원의 비행 경력이 올라갈수록 승무원들은 자신의 경험으로 이런 상황을 잘 극복해 낸다. 가장 좋은 해결책은 바로 "미사여구의 힘"을 사용하는 것이다.

필자가 인천-도하 비행을 하던 중 아침 식사 메뉴로 오므라이스 메뉴가 부족했던 경우가 있었다. 하지만 대부분의 한국 승객분들은 아침식사 메뉴로 죽 대신에 오므라이스 메뉴를 선호 했다. 이 상황을 극복하기 위해 미사여구의 중요성을 알고 있던 필자는 당시 승객분들께 오므라이스 메뉴가 다 떨어졌다고 이야기하는 대신 이렇게 얘기했다. "고객님, 백종원도 울고갈 만큼 맛있는 건강죽과 봄나물 샐러드 식사를 원하시나요? 아니면 오므라이스를 원하시나요? 참고로 저는 둘 다 먹어봤는데 건강 죽이 몸에도 훨씬 좋고, 더 맛있습니다." 당연히 필자에게서 이렇게 설명을 들은 승객분들은 전부 다 건강죽 메뉴를 선택하셨다.

Roleplay 38

와인을 병채 달라고 하는 승객?

작은 사이즈의(187.5㎖) 와인이 아닌 이상은 병채로 승객에게 주지 않는다. 특히 와인 같은 경우는 승객이 많이 드실 경우 취해서 예기치 못한 문제를 발생 시킬수 있기에 반드시 승무원들은 승객이 마시는 알콜의 양을 신경쓰고 있어야 한다. 필자는 비행 할 당시, 승객들의 과음을 막기 위해 승무원들에게 승객이 마시는 와인과 맥주 같은 알콜의 양을 기억하라고 이야기 했었다. 그리고 일부 항공사에서는 규정상 몇 잔 이상의 알콜 섭취를 금지하는 곳도 있다. 과다 알콜 섭취로 문제가 생긴다면 그 이후는 모두 승무원이 커버해야 한다는 것을 잊지말자.

Roleplay 39

식사 서비스 도중, 유료로 준비되는 알콜 음료를 찾으실 때(FSC에선 무료로 알콜 음료가 제공되고, LCC에선 알콜 음료를 유상 판매 하고 있음)

승객분이 기분 나빠하시지 않게 알콜 음료는 유료로 판매하고 있다고 말씀드리며, 유료 상품 구매를 권유해 드리고, 무료로 제공되는 다른 음료를 추천해 드린다.

식사 서비스 도중, 다 익지 않은 음식이 승객에게 제공 되었을 때?

케이터링에서 얼린 음식을 기내에서 데워 준비를 하기 때문에 가끔씩 음식의 가운데 부분이 제대로 익지 않은 경우가 발생하기도 한다. 이럴때는 승객에게 사과를 드리고, 다시 음식을 익힐 수 있도록 한다. 승객이 기다리는 동안 배가 고프지 않게 미리 제공된 샐러드와 빵을 드실 수 있게 한다.

식사 서비스 도중, 승객분이 무료로 실리는 고추장을 10개 달라고 하실 때?

대부분 이러한 경우는 승객분이 기내에서 식사 시간에 고추장을 10개 드시고 싶은 상황이 아니다. 아마도 무료로 실리는 고추장을 승객분께서는 해외 여행지에서 드시고 싶으신 것일 것이다. 일단 승객분께 잠시 기다려달라고 말한 뒤 기내 서비스가 완전히 끝난 뒤 사용되지 않은 고추장을 모아서 승객분께 전달할 수 있다. 어차피 사용되지 않은 고추장은 결국에 버려질 것이기 때문에 이렇게 서비스가 끝날 때 모은 고추장을 승객분에게 드리며, 우리 회사에 대한 승객의 만족도를 높이고, 승무원 스스로 승객의 만족을 얻었다는 자부심을 키울 수 있을 것이다. 단, 주변 손님들의 눈치도 같이 살펴야 한다. 여러 명의 승객분이 추가 고추장을 원하셨다면 누군 주고 누군 주지 못할 바엔, 미리 어느 정도 여분의 고추장이 있는지를 파악하고 상황에 맞춰 유동적으로 대응할 필요가 있다.

Roleplay 42

식사 서비스 도중, 다른 아이가 먹고 있는 스페셜 오더 메뉴(어린이 특별식)를 보고 자신의 아이도 동일한 것으로 주길 요청하실 때?

회사 규정마다 다르지만 보통 스페셜 밀은 비행기 출발 24시간 전까지 신청해야한다. 미리 준비를 해 놓아야 하기 때문인데, 기내에서 이런 상황이 발생한 경우, 해당 승객에게 일단 사과를 하고, 혹시나 주문을 해 놓고 탑승하지 않은 어린이의 특별식 식사가 남는 것이 있다면 제공하고, 없다면 기내에 실리는 아이들이 좋아할 만한 스낵이나 초콜릿 등을 활용해서 어린이 특별식과 비슷한 모양의 기내식을 승무원이 직접 만들어서 제공해 보도록 한다. 또한, 기내에 실린 어린이 장난감을 대신 주는 것도 하나의 방법이 될 수 있다.

Roleplay 043

식사 서비스 도중, 손님이 식사의 양이 부족해 식사를 더 달라고 하실 경우에 어떻게 대처할 것인가?

일단 승객 1명에게 1개의 식사만 제공이 된다. 하지만 대부분의 경우 식사가 끝나고 보면 식사를 안 드신 분들이 계시기 때문에 남는 식사 트레이가 생긴다. 따라서 승객분께 일단 서비스가 끝나고 다시 한 번 확인해 드리겠다고 말씀드린다. 또한, 식사와는 별도로 실리는 빵이나 과일과 같은 다양한 사이드 메뉴들을 드리는 것도 하나의 방법이 될 수 있다.

Roleplay 44

식사 서비스 도중, 손님이 준비되어 있지 않은 음료를 찾으시는 경우?

승무원에 지원하는 지원자들은 다들 한 번쯤은 카페에서 근무해 본 적이 있을 것이다. 그때 손님이 없는 것을 요청했을 때, 여러분이 어떻게 답변했었는지, (비슷한 음료를 권하지 않았던가) 그 때의 상황을 떠올리며 상황을 해결할 수 있도록 한다.

Roleplay 045

식사 서비스 도중, 손님이 지금은 피곤하다며 나중에 식사 한다고 하실 때?

▲ 식사 서비스를 받고 있는 모습

장거리 비행 같은 경우는 식사를 나중에 먹겠다고 하시는 손님들이 계신다. 이럴 땐, 손님이 원하시는 식사 메뉴를 확인한 다음 손님이 요청하신 시간에 식사를 따로 제공할 수 있도록 한다. 이런 사실을 동료 승무원들과 공유를 해서 혹시나 내가 휴식을 취하고 있을 때라도 동료 승무원에게 요청을 하여 손님이 요청했던 시간에 식사를 드실 수 있게 준비하도록 한다.

손님이 도착하는 목적지의 맛집을 소개해 달라고 하실 때?

자신이 가봤던 맛집을 소개해 준다. 이런 작은 대화 하나로 승객은 우리 항공사를 최고의 서비스를 제공하는 항공사로 여기게 된다. 필자가 며칠 전 K 항공의 임원분과 비슷한 이야기를 했었다. 항공사에서도 우리나라 승무원들이 너무 승객을 어렵게 생각해서 승객과의 대화를 부담스러워 하는 분위기가 있다는 것을 알고 있다. 승객에게 편안한 비행을 전달하기 위해선 이렇게 작은 대화로 소통을 하는 것이 꼭 필요하다는 것을 잊지말자.

이코노미 클래스 화장실 대기 줄이 길다며 퍼스트 클래스 화장실을 사용하고 싶다는 승객에게?

불가하다. 퍼스트 클래스에도 퍼스트 클래스 승객이 있다는 것을 명심하자. 보통은 이런 경우에 이코노미 클래스 승객은 자신의 순서를 기다리는 것 말고는 방법이 없다. 하지만 예외적으로 너무 급한 생리적 현상을 참을 수 없는 경우는 퍼스트 클래스 화장실을 사용하게 하기도 한다. 실제 기내에서는 대부분의 경우 퍼스트 클래스 화장실은 사용을 하고 있지 않더라도 밖에서 봤을땐 사용하고 있는 것처럼 Lock를 걸어놓고(문을 잠궈 놓고), 퍼스트 클래스 승객이 화장실을 사용할 때만 승무원들이 미리 화장실 문을 열어주는 방식으로 근무를 하는 경우도 있다.

승무원이 마음에 든다고 명함을 달라고 우기는 승객에게 명함을 줘야 할까?

승무원에 대한 승객의 관심을 불쾌하게 응대할 필요는 없다. 일단 승객이 명함을 주면 감사히 명함을 받자. 하지만 기내에서 승무원의 명함을 승객에게 주는 것은 기내 보안 문제로 연결이 될 수 있기 때문에 주의해야 한다. 계속해서 승객이 승무원의 명함을 요청하면, 대신 승무원이 승객의 명함을 받는 것이 더 편할 것이다.

아이에게 분유를 먹일 것이라며 분유를 타달라고 하실 때?

분유의 온도를 맞추는 방법은 일반 상식으로라도 알아 놓자. 보통 분유를 손목 위에 떨어트려 그 온도를 확인하곤 하는데, 그 이유는 손목 부분이 온도 변화에 민감한 부분이기 때문이다. 하지만 유아에게 제공하기 전 마지막으로 한 번 더 부모에게 온도가 적절한지 확인을 받는다.

이코노미 클래스의 승객이 자신의 양복을 구겨지지 않게 보관해 달라고 요청할 때?

비행기종에 따라 코트를 보관할 수 있는 코트룸이 있는 비행기와 없는 비행기로 나뉘어진다. 코트룸이 없는 경우라면 양복을 잘 접어서 여유가 있는 머리 위 짐칸(Overhead bin)에 보관해도 괜찮을지 승객에게 여쭙는다. 간혹, 비행기에 대해 잘 아는 승객분들께서는 비행기의 벙커에 자신의 짐을 보관해 달라고 하는 경우가 있는데 벙커는 승무원들만 출입할 수 있는 장소이기에 불가능하다는 것을 명심하자. 또한, 손님의 양복을 보관할 때에는 양복 안에 귀중품이나 의약품은 없는지 확인하는 것을 잊지 말자.

핵심 기내 롤플레이 123
Roleplay 51

> 퍼스트 클래스에 탑승한 승객이 이코노미 클래스에 탑승한 자녀를 퍼스트 클래스에 초대하고 싶을 때

아쉽게도 이런 경우 퍼스트 클래스의 승객이 이코노미 클래스로 옮겨야 한다. 이코노미 클래스에 여분의 좌석이 있는지 확인해보고, 승객을 도와드릴 수 있도록 한다.

핵심 기내 롤플레이 123
Roleplay 052

> 기내에서 서비스로 제공되는 담요를 집에 가져가고 싶어하는 승객

담요는 기내에서만 사용될 수 있다. 따라서 아쉽게도 이 담요는 기내에서만 사용 가능하다고 말씀드린다. 또한, 담요를 집에 가져가고 싶어하는 승객분들을 위해 판매를 목적으로 만들어진 담요도 있으니 승객분께 판매용 담요를 추천해 드리도록 한다.

다만 예외적인 상황이 발생할 수 도 있다. 예를 들어 몸이 아프고 고열이 있는 승객이 비행기에서 내릴 때 담요를 가져가고 싶어 한다면 이럴 땐 "규정상 담요는 반출이 안되지만 승객님 컨디션이 좋지 않으시니, 이번에 가져가시고 다음에 꼭 저희 ** 항공사를 다시 타서 담요를 반납해 주세요"라고 이야기하고, 사무장에게 이 사실을 보고 한다면 회사 이미지 상승과 승객의 만족도 모두가 상승하는 효과를 가져올 수 있을 것이다.

Roleplay 053

> 기내 비치된 모든 종류의 신문을 보고 싶어하는 승객?

일단 가능한 한 두 개의 신문을 먼저 전달해 드리고, 다른 승객분들이 다 보신 신문을 모아다가 깨끗이 접어서 승객분에게 전달할 수 있도록 한다.

Roleplay 054

> 해당 비행기에 연예인이 탑승한 것을 알고 연예인의 싸인을 대신 받아 달라고 요청하는 승객

무작정 승객의 요청을 거절하기 보단 "노력해 보겠습니다."라고 이야기하는 편이 좋다. 대부분의 연예인들은 기내에서 편한 자신만의 공간을 갖고 싶어한다. 따라서 이런 이야기는 연예인에게 직접 이야기하기본단 매니저에게 말해 보는 것이 더 괜찮다. 혹시 매니저가 거절한다면 승객에겐 사실대로 이야기하고 다른 방법을 시도해 볼 것을 권한다.

승객이 잠을 자고 싶은데, 옆 좌석 승객이 독서등을 켜고 있어서 잠을 청하기
힘들어 할때?

일단 컴플레인을 하신 승객분께 사과를 드린다. 그리고 승객분이 주
무실수 있게 안대나 이어플러그와 같은 어메니티를 제공하고, 따뜻한
꿀물이나 티를 제공해서 잠에 더 빨리 들 수 있게 도와드린다.

승객이 영화를 보고 싶은데, 옆 좌석 승객이 창문 덮개를 열어놔서 빛반사 현
상으로 영화를 보기 힘들어 할때?

이런 경우 양측의 승객 모두에게 양해를 구해야 한다. 한 손님의 편만
들다보면 다른 손님이 서운해 할 수 있기 때문에 중간에서 균형을 잘 잡
는 것이 중요하다. 보통 이런 컴플레인이 들어오는 상황을 떠올려 보면
대부분의 승객들이 잠을 자고 있는 상황(기내가 어두운 상황)에서 이런 컴플레
인이 들어온다.

가장 적절한 해결책은 대부분의 승객들이 잠을 자고 있는 상황에서
창문 덮개를 열은 손님이 창문 덮개를 닫고, 그 손님의 개인 독서등을 켜
는 것이 가장 적절하다고 생각된다. 내가 비행을 할 당시엔 이런 상황에
서 창을 열고 있는 승객에게 비행 중엔 고도가 높아 햇빛이 강하고, 피
부에 좋지 않다는 식으로 농담을 하면 대부분의 승객들이 웃으며 창을
닫았던 것이 아직도 기억에 남는다.

Roleplay 057

> 자신의 입국심사 서류 작성을 도와 달라고 하는 승객이 있다면?

친절하게 승객의 입국심사서류 작성을 도와준다. 하지만 마지막에 개인 서명 부분은 반드시 승객이 하도록 해야한다. 개인 서명까지 승무원이 대신 해줄 경우, 만에 하나 서류 관련 문제가 생겼을 때 승객은 모든 책임을 승무원에게 떠넘길 수가 있다.

Roleplay 058

> 승객이 잠을 자고 싶은데, 옆 좌석 승객들이 너무 시끄러워 잠을 잘 수 없을 때?

보통 이런 불만은 단체 승객분들이 계실 때 발생한다. 일단 컴플레인을 하신 승객분께 사과를 드리고, 시끄럽게 이야기하고 있는 승객분들께 다가가 말씀 드릴 수 있도록 한다. 이때는 직접적으로 "옆 손님들이 불편해 하시니 조용히 해주세요."가 아니라 "실례합니다만, 제가 어려운 부탁 하나 드려도 될까요?"처럼 반발심을 줄일 수 있는 쿠션화법을 사용하는 것이 좋다.

Roleplay 059

> 승무원이라는 직업을 폄하하는 승객, 예를 들어 "이렇게 힘들게 비행기에서 식사만 접대해서 먹고 살 수 있겠어요?" 라고 말하는 승객이 있다면?

애정어린 관심이라 생각하자. 실제로 필자가 근무를 하면서도 비슷한 경험을 했던 적이 있다. "감사합니다."라고 말씀드리며 "일하는 것은 힘들어 보일지 몰라도, 비행기에서 내리고 나면 세상 구경도 하고, 너무나 재미있는 직업입니다."라고 즐겁게 맞장구 칠 수 있도록 한다.

Roleplay 60

승무원의 외모에 대해 이야기하며 비꼬는 승객?

'아마 승객도 나를 귀엽게 생각해서 이렇게 농담을 하는 것이 아닐까' 라고 마음 편히 생각을 하자. 승객의 농담에 가볍게 받아칠 줄 아는 스킬이 승무원에겐 필요하다. 또한, 너무 농담으로만 대화를 이끌어 나가기 보다는 마무리는 진지하게 "승무원은 물론 서비스도 중요하지만 기내 안전과 보안을 위해 더 많은 교육을 받고, 그 쪽으로 신경쓰고 있습니다." 라고 마무리를 해주자.

▲ 신입 객실승무원의 교육 현장

Roleplay 61

선배 승무원이 해당 비행기에 연예인이 탑승한 것을 알고, 연예인의 싸인을 대신 받아달라고 요청할 때

자주 발생하는 경우다. 선배 승무원도 직접 싸인을 받는 것이 힘들다는 것을 알고 이렇게 이야기하는 것일 것이다. 모르니 일단 연예인 매니저에게 조심스럽게 "싸인을 받을 수 있을지"에 대해 문의해 보고, 힘들다고 할 경우에 선배에게 솔직하게 이야기하자.

Roleplay 62

서비스가 마음에 든다고 도착지에서 함께 식사할 것을 제안하는 승객?

최대한 정중하게 거절하는 것이 좋다. 유니폼을 입고 있는 승무원은 개인이 아니라 해당 항공사를 대표하는 직원으로서 비행기에 탑승하고 있는 것이다. 이러한 상황을 승객에게 이야기 하고 대신 승객의 아쉬움을 기내에서 최고의 서비스로 달래보자.

Roleplay 63

비행 도착지에서 승무원들이 묵게 될 호텔을 물어보는 승객

매번 도착해서 묵게되는 호텔이 바뀌기에 아직 모른다고 답변하는 것이 좋다. 보안상의 이유 때문이다. 혹시 그 손님이 여러분에게 관심있는

승객이 아니라 정보를 캐내려고 하는 테러리스트인데 여러분의 호텔 정보를 알려준다면, 그 뒤에는 무슨 일이 벌어질지 아무도 알 수 없다.

자신의 자녀와 놀아달라고 이야기하는 손님에겐?

기내에는 아이들을 돌보는 임무를 가진 승무원들이 존재한다. 에티하드 항공에는 Flying nanny라는 아이 돌보기를 주 임무로 하는 승무원이 존재하고, 대부분의 항공사에서도 별도로 아이 돌보기와 같은 서비스가 존재한다. 카타르 항공 같은 경우는 대부분 가장 신입 승무원들에게 이 임무가 주어지곤 한다. 함께 놀아준 아이들이 미래 우리 회사의 승객이 될 것이기 때문에 이들에 대한 서비스 역시 굉장히 중요하다. 기내 준비되어 있는 아이 장난감을 활용해 아이들과 시간을 보낼 수 있도록 하자. 단, 항공사 규정에 따라 일부 항공사에서는 혹시 발생할지 모를 기내 터뷸런스 때문에 승무원이 아이를 안아주는 것은 것은 금지되어 있다.

핵심 기내 롤플레이 123
Roleplay 065

머느리 삼고 싶다고 연락처를 물어보는 승객

가장 적절한 답변은 "아쉽게도 이미 결혼 했습니다." 또는 "남자친구가 있습니다."라며 정중하면서도 유머러스하게 상황을 해결하는 것이 좋다.

핵심 기내 롤플레이 123
Roleplay 066

독도는 일본 땅이라고 우기는 일본승객이, 승무원인 나의 입장을 물어볼 때?

정치, 역사, 종교, 성별과 관련된 민감한 사항으로 승객과 얼굴 붉힐 필요는 없다. 일본인 승객이든, 한국인 승객이든 모두 우리 항공사의 승객이다. 혹시나 이 일본인 승객이 계속해서 나의 입장을 물어본다면 "안타깝게도 승무원은 기내에서 승객의 안전과 서비스를 책임져야하는 임무를 지니고 있기 때문에 안전, 서비스와 관련이 없는 이런 내용에 대해선 말씀드리기가 곤란하다."고 설명해드리자.

핵심 기내 롤플레이 123
Roleplay 067

100명이 탄 기내에 기내식이 90개만 실렸을 경우?

보통 100명의 손님이 탑승한다하더라도 대부분의 경우 100명 다 식사를 드시진 않는다. 하지만 100명이 모두 식사를 하는 상황이라 가정했을 때, 기내에 실리는 샌드위치나 상위 클래스 메뉴를 활용해서 승객들이 먹을 수 있는 식사를 기내에서 직접 만들 수 있다. 또한, 이런 일의 발생을 막기 위해서 갤리 승무원은 비행기가 출발하기 전 케이터링 직원들과 기내에 실리는 음식의 개수에 대해 정확한 정보를 교환해야 한다.

Roleplay 68

아이돌보다 잘생긴 승객분이 승무원인 내 연락처를 물어본다면?

기내에서 종종 발생하는 일이다. 당연히 현재 유니폼을 입고 일을 하고 있기 때문에 회사를 대표하는 얼굴로서 사적인 행동은 할 수 없다. 승객분께 너무나 감사하다고 웃으며 이야기하고 "아쉽게도 근무중에는 일과 관련되지 않은 일은 할 수 없다."고 이야기하는 것이 좋다. 웃음띤 얼굴로 거절을 한다면 아이돌 같은 승객분도 당연히 웃으며 그 상황을 이해할 것이다.

Roleplay 69

승객이 기내에서도 판매를 하고 있는 컵라면을 밖에서 사와서 기내에서 먹으려고 한다면?

대부분의 경우 알콜이 아니라면 이런 경우 못 먹게 제한을 할 방법이 없다. 대신 승객에게 컵라면과 함께 마실 수 있는 음료를 제공해주며, "우리 기내에서도 컵라면을 판매하고 있으니, 다음 번 비행부터는 귀찮게 밖에서 사오지 마시고 기내에서 판매하는 맛있는 컵라면을 드셔보세요."라고 유머러스하게 대처할 수 있도록 한다.

기내에서 승객이 결혼 반지를 잊어버렸다고 한다면?

결혼 반지이다. 반드시 함께 찾아주어야 한다. 보통은 좌석 주변 또는 화장실에 반지를 놓고 나오는 분들이 많다. 최선을 다해서 찾아주자.

미국으로 향하는 기내에서 승객이 자신이 머무는 호텔 주소를 모른다고 할 때?

외국으로 향하는 기내에서 자주 들어오는 질문이 "제가 머무는 호텔의 주소를 모르는데 어떻게하죠?"라는 질문이다. 특히, 미국 같은 경우는 다른 나라보다 입국관련 절차가 까다롭고, 작성해야 할 서류가 많기 때문에, 서류 작성시 많은 질문이 들어오곤 한다. 현지 체류지의 주소를 정확히 모르신다면 머물 곳의 대략적인 위치를 적고, 추가적으로 입국 심사소에서 질문이 받게 된다면 사실대로 이야기 할 것을 권해 드리자.

손님이 원하는 식사 메뉴가 없을 경우?

대부분의 장거리 노선에선 3종류의 메뉴가 서비스 된다. 혹시나 승객이 원하는 식사메뉴의 제공이 불가능할 경우엔(보통, 뒷자리에 계실 경우) 손님께

원하는 식사를 제공해드리지 못해 죄송하다고 말씀 드리고 다른 식사를 권유해 드린다. 하지만 그 다음 번 서비스엔 해당 손님이 원하시는 메뉴를 먼저 확인해 놓고, 서비스할 때 손님이 원하시는 메뉴를 권해드리도록 한다.

Roleplay 73

승무원이 마음에 든다며 승객께서 본인이 운영하고 있는 회사로 이직을 권유하신다면?

여러분이 일하고 있는 이 항공사가 최고의 직장인것 다들 잘 알고 있을 것이다.

Roleplay 74

승객이 옆자리 아이가 너무 시끄럽다며 불평할 때?

불평을 하신 승객분께 일단 사과를 드린 후, 아이의 부모님께 찾아가 도와 드릴 방법이 없는지 여쭤본다. 보통 이런 상황에서 부모님들 역시 상당히 곤란스러워 할 것이다. 대부분의 항공사에선 아이들을 위한 장난감이나 스낵류를 준비해 놓고 있다. 그런 준비물들을 활용해서 아이들을 진정시킬 수 있도록 하자.

Roleplay 075

동반자 없이 탑승한 어린이(UM)가 비행기가 흔들려서 무섭다고 할 때?

이런 경우 아이가 믿을 수 있는 사람은 아이를 담당하고 있는 승무원 밖에 없다. 아이의 손을 잡아주며 "나도 어릴 적에 비행기를 혼자 탔었는데, 그때 승무원이 이런식으로 내 손을 잡아줬다."며 이야기를 해준다. 또한, 기내에서 제공되는 아이 전용 애니메이션을 틀어주어 아이가 다른 것에 신경을 쓸 수 있게 만들어 준다.

 쉬어가는 코너

주스 흘렸다고, 여승무원에게 찬물 뿌린 중국인 탑승객의 진상 갑질

한 중국인 승객이 기내에서 실수로 주스를 쏟은 승무원에게 사과문을 쓸 것을 요구했다가, 거절 당하자 승무원에게 찬물을 끼얹은 행동으로 경찰에 체포 되었다.

13일 중국 인민일보에 따르면, '셴'이라는 성(姓)으로만 소개된 이 남성은 10일 오후 8시 30분쯤 중국 베이징에서 광저우로 향하는 중국 남방항공사의 국내선 여객기에 탑승했다.

그는 기내에서 음료를 건네던 승무원이 실수로 그의 바지에 오디(뽕나무 열매)주스를 흘리자 "반성의 의미로 당장 공식 사과문을 써내라"고 요구했다. 그러나 승무원은 "매우 죄송하지만, 공식 사과문은 쓸 수 없다"라고 말했다.

그러자 셴씨는 화를 내며, 기내 조리실에 막무가내로 들이닥쳤다. 그리고는 음식을 준비 중인 여승무원들에게 "사과문을 내 놓지 않으면, 너희 상사를 내가 아는데 너희를 가만두지 않을 거야"라고 협박하며 컵에 찬물을 받아 승무원들의 얼굴에 뿌렸다.

난동을 피운 셴씨는 결국 기내 안전요원에게 저지됐고, 광저우 공항 도착 뒤 경찰에 체포됐다.

하지만 셴씨는 "내가 승무원들에게 물을 뿌린 게 아니라, 난기류를 만나 기체가 흔들려 물이 쏟아진 것"이라고 발뺌했다고. 인민일보에 따르면 셴씨는 항공법 위반과 폭행죄 혐의로 공항 유치장에서 3일 동안 구금됐다.

출처: 조선일보, 2016

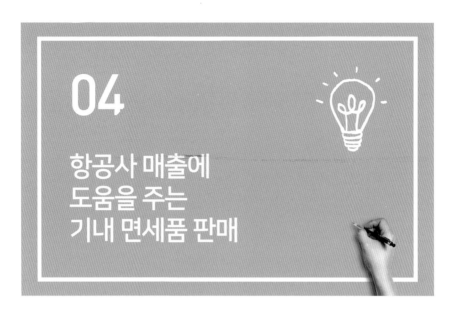

04

항공사 매출에 도움을 주는 기내 면세품 판매

해외 여행을 다녀오며 기념으로 구매하는 면세품은 여행의 또다른 즐거움이다. 하지만 입국하는 국가별로 허용되는 술과 담배의 허용량이 다르다는 사실은 승객들이 주의해야 할 사항이다. 승객은 구입 전 그 사실을 확인해야 하고, 승무원도 면세품을 판매할 땐 자신들이 향하고 있는 최종 목적지의 면세품 허용 한도를 알고 있어야 한다. 간혹 일행이 없음에도 불구하고 면세 담배나 술을 허용치 이상으로 구매하시는 승객분들이 계시는데, 이 분들이 입국 세관을 지나면서 문제가 생길 수 있기 때문에 미리 승객분들게 허용치에 관한 안내를 드려야 한다.

면세품 판매시에는 해당 캐빈만 조명을 켜거나, 서비스 카트에만 조명을 따로 설치에 수면을 취하는 승객분들게 피해가 가지 않도록 하며, 면세품 판매시 소음으로 인한 승객 컴플레인을 종종 받기도 하니 특히 저녁 시간 이후 비행 때 주의해야 한다.

 **많이 혼동하는 면세품 허용치**

가족끼리 면세 합산이 가능할까? 불가능하다.

• 예를들어 2인이 함께 동반하는 가족이 900달러 가방 1개를 구입해서 반입할 경우, 2인 가족 면세범위는 1200달러라고 생각하고(600+600), 가방은 900달러이므로 세관을 문제없이 통과할 수 있을 것이라 착각하는 경우가 많지만 면세범위를 계산할 때는 1인 기준이다. 따라서 이런 경우 두 명 중 한 명은 600달러를 초과하는 300달러에 대해 벌금을 내야 한다.

가족을 대신해서 미성년자의 주류나 담배 면세는 불가능하다.

• 미성년 자녀를 1명 포함한 가족 3명(부부+자녀1)이 술 4병을 산 경우 면세통관이 가능한 술은 2병만 가능하다. 즉, 가족에 만 19세 미만의 미성년자가 포함되어 있다면 미성년자가 반입하게될 주류는 면세 범위에서 벗어나게 된다는 것을 알고 있자.

국내 면세점에서 산 물품도 면세 범위에 따라 세금이 부과된다.

• 내국인이 국내 면세점에서 물품을 구매할 수 있는 금액은 3,000달러이다. 그럼에도 불구하고 면세가 가능한 범위는 600달러밖에 되지 않는다. 2,400달러치 물품을 구입했다면 나머지 (2,400-600) 1,800달러의 면세범위를 초과하는 금액은 세금이 계산된다.

• 자진해서 신고하면 관세를 깎아준다. 입국시 자진해서 세금신고 해야 할 물품을 적어내면 관세의 30%(15만원의 한도내)는 감면된다.

• 해외에서 선물 받은 물건도 과세에 해당한다. 본인이 직접 구매를 하지 않고, 선물을 받았더라도 그 금액이 600달러를 넘으면 세금을 내야 한다.

• 대리 반입을 하다 걸리게 되면 반입을 부탁한 사람과 반입을 실제 한 사람 모두 처벌을 받게 된다.

• 동남아에서 사온 과일이나 육포도 반드시 신고해야 한다. 해외에서 반입하는 음식물도 신고해야 한다. 예를 들어 태국이나 싱가폴에서 두리안과 같은 과일, 대만에서 육포를 종종 들고오는 분들이 계시는데, 이런 물품도 신고대상이다.

Roleplay 76

면세품 판매를 하던 도중 승객분께서 구매하고 싶은 면세품이 이미 다 팔리고 없을 때?

승객분께 사과를 드리고 다른 비슷한 종류의 면세품을 추천해 드린다. 기내에는 한정된 수량의 면세품만 판매를 하고 있기에 인기 상품 같은 경우는 종종 이런 상황이 발생하기도 한다. 또한, 승객분께 면세품 예약서비스를 알려드려 다음번 비행을 하실 때는 미리 원하시는 면세품을 예약 하서서 꼭 원하시는 물품을 구매하실 수 있도록 도와드린다.

승무원들의 면세 판매 때문에 시끄러워서 잠을 잘 수 없다고 불평하는 승객에게 대처방법은?

승객에게 사과드리고 언제 면세품 판매가 끝나는지 대충의 시간을 알려드린다. 이렇게 한 번 불평을 했던 승객은 비행이 끝날 때까지 계속해서 신경을 써주는 것이 좋다. 10번의 최고급 서비스를 제공해도 단 1번의 서비스 실패로, 승객은 우리 항공사를 떠난다는 것을 잊지 말자.

"우리 항공사 여승무원이 사용하는 립스틱은 왜 더 잘 팔리는가?"

면세품 판매시 "우리항공사 여승무원들이 가장 많이 구매하는 립스틱입니다."라고 말하는 이유를 알고 있는가? 이는 바로 후광효과 때문이다. 후광효과는 "한 가지 일만 시켜봐도, 그 사람에 대해 전부 알 수 있다."라고 말하는 것과 동일하다. 예를 들어 여러분의 친구들 중 영어를 잘하는 친구가 있다면 왠지 그 친구는 영어도 잘하고, 공부도 잘하고, 똑똑할 것 같은 느낌이 들지 않는가? 이렇게 부분을 통해서 비이성적으로 전체를 판단해 버리는 것을 우리는 후광효과라 이야기한다.

"손님, 이 립스틱 한 번 써보시겠어요?" 라는 승무원의 대사와 "손님, 이 립스틱은 저희 항공사 여승무원들이 가장 많이 사용하고 있는 립스틱입니다"라는 승무원의 이야기를 들었을 때 여러분은 어떤 립스틱을 구매하고 싶어지는가? 이는 왠지 뷰티에 관심이 많을 것 같은 승무원들의 신뢰를 후광효과로 사용하는 승무원들의 판매 전략 중 하나이다. 참고로 필자도 이러한 방식으로 승무원 생활을 하며 많은 면세품 판매를 했던 적이 있었다.

05

매 비행마다
발생하는
승객 불평 상황

Roleplay 078

> 기내 서비스 중, 앞 손님이 등받이를 너무 뒤로 제끼고 있다고 불평하는 승객
> 을 어떻게 만족 시킬 것인가?

비행 중 가장 난감한 상황 중 하나이다. 실제로 필자도 이런 상황이
발생해서 13시간의 미국 비행을 가는 동안 앞자리 승객과 뒷자리 승객
이 서로 눈치 싸움을 하면서 불편한 비행을 했던 적이 있다.

일단 이런 경우 양측의 의견을 다 고려 해주는 것이 필요하다. 다시 말
해, 뒷자리 손님의 불편함도 이해하고, 앞자리 손님의 편익 역시 생각을
해야 한다. 앞자리 손님께 의자 등받이를 많이 뒤로 제낄 경우 뒷자리의
좌석 공간이 좁다는 것을 전달한 후, 의자 등받이를 조금만 앞으로 당겨

주시면 뒷사리 손님도 편하게 가실 수 있을 것이라 말을 전달한다.

특히 모두가 함께 밥을 먹는 식사 시간에도 가끔씩 등받이를 뒤로 젖히고 계신 승객 분도 계신데, 이럴 때 센스있는 승무원들은 식사 트레이를 놔드리며 승객분들께 식사 시간만큼은 의자를 수직으로 세워 주실 것을 당부한다.

대부분의 한국인 승객분들은 승무원의 이런 요청을 잘 받아주시지만, 일부 유럽인 또는 미국인 승객분들은 이런 승무원의 요청을 잘 이해하지 못한다. 그럴 경우엔 뒷자리 손님의 등받이를 뒤로 젖히시도록 권하는 것도 하나의 방법이 될 수 있다.

Roleplay 79

기내 서비스 도중 손님에게 실수로 와인을 엎질렀을 때?

기내에서 자주 발생하는 상황이기도 하다. 기내에 준비된 얼룩 제거제와 물티슈를 활용해 와인을 제거하며, 바로 사과를 드릴 수 있도록 하자. 또한, 좌석까지 젖은 경우엔 주변에 옮겨 드릴 수 있는 자리로 옮겨드린다. 사무장과 동료들에게 해당 사실을 공유해 승객이 남은 여정을 즐겁게 끝낼 수 있게 도와드리도록 한다. 비행에 따라 장거리 야간 비행 같은 경우엔 기내에서 승객들을 위한 잠옷이 제공되는 경우도 있다. 옷을 말리는 동안 입을 수 있는 잠옷을 전해주는 것도 센스있는 승무원이 할 수 있는 일이다. 항공사에 따라 세탁 쿠폰을 제공하거나, 승객 전담 부서에서 비행이 끝나고, 승객에게 연락을 하여 세탁비를 보상해주는 시스템을 갖춘 곳도 있다.

자신이 30분 전에 요청한 음료를 왜 가셔다 주지 않냐고, 손님이 불평 하실 때?

일단 사과의 말을 전하고 승객이 요청한 음료를 가져다 준다. 또한 음료와 함께 제공 가능한 스낵류를 함께 제공하여 마음이 상한 손님의 마음을 풀어 줄 수 있도록 하자.

승객 불평을 처리할 땐 반드시 이름을 불러주자

PIL(Passenger information list: 승객 정보 리스트)에는 승객에 관한 모든 게 담겨 있다. 승객의 이름부터, 여행 출발지와 도착지, 우리 항공사 회원인지 아닌지 등과 같이 이 승객에 관한 대부분의 정보를 PIL에서 얻을 수 있다. 이 PIL에서 얻을 수 있는 정보를 활용해 불만을 제기한 승객의 마음을 사로 잡아 보자. 그 가장 확실한 방법 중 하나가 바로 승객의 이름을 부르는 것이다.

예를 들어 17번 A에 앉은 승객이 20분 전에 달라고 이야기했던 음료를 승무원인 여러분이 깜빡했다고 가정하자. 그리고 20분 뒤에야 그 사실이 생각났다면 음료와 함께 그 승객의 이름을 PIL에서 다시 한 번 확인한 뒤 그 승객의 자리로 간다. "OOO 고객님 정말 죄송합니다. 제가 아까 부탁하셨던 샴페인을 너무 늦게 갖고 왔죠."라고 말하며 대화를 시작한다. '왜 이렇게 음료가 늦게 나와요?'라고 화를 내려고 했던 OOO은 자신의 이름을 듣는 순간 '어 이 승무원이 내 이름을 어떻게 알지? 내가 이 항공사에 그렇게 중요한 사람인가.'라고 생각하게 된다. 이름을 불러주자. 커뮤니케이션과 관련된 수많은 선행연구에서 "상대방의 이름을 불러줄 때", 상대방과 자신 사이의 관계가 더 가까워진다는 수많은 연구결과가 있다.

Roleplay : 81

기내 서비스 도중 음료가 시원하지 않다고 손님이 불평 하신다면 어떻게 할 것인가?

승객에게 사과의 말을 전하며, 얼음을 가져다 주어 시원한 음료를 드실 수 있게 조치해 드린다. 또한, 계속해서 해당 승객의 주변을 관찰하며 필요한 것은 없는지 챙겨 드릴 수 있도록 한다.

식사 서비스 도중, 손님이 음식에서 이물질이 발견 되었을 때, 조치 방법은?

위생 관련 컴플레인은 안전과 관련되는 굉장히 큰 문제이다. 사죄와 함께 즉시 그 음식물을 손님 눈 앞에서 치울 수 있도록 한다. 또한, 바로 사무장에게 보고를 하고, 사무장은 손님께 사과하고 다른 대체 음식을 제공할 수 있도록 한다. 또한, 해당 음식물은 이물질의 출처를 밝히기 위해 반드시 그 상태로 케이터링 부서로 보내서 이물질에 어디서 들어온 것인지, 다시는 비슷한 문제가 발생되지 않게 하기 위한 조치를 취해야 한다.

기내 서비스 도중 손님이 기내에서는 제공되지 않는 칵테일을 제공해 달라고 하실 경우, 어떻게 할 것인가?

승무원이 모르는 음료일 경우 승객분께 어떻게 그 음료를 만드는지 문의한 이후, 손님이 얘기해 주시는 레시피대로 음료를 만든다. 하지만 손님이 원하는 칵테일의 베이스가 기내에 준비되어 있지 않다면 손님께 사정을 이야기하고, 가장 비슷한 음료를 권해드린다.

기내 서비스 도중 손님에게 토마토 쥬스를 엎질러, 손님이 옷을 보상해 달라고 하실 때?

기내 서비스 도중 종종 발생하는 경우이다. 사과를 하며 더 이상 오염되지 않도록 조치를 취한다. 간단한 얼룩은 물타올로 처리가 되며, 상태가 심할 경우 기내 비치된 얼룩제거제를 통해 얼룩을 제거할 수 있도록 한다. 예를 들어 의복이 아닌 좌석이 젖었을 경우 승객의 좌석 위에 담요를 깔거나, 상태가 심할 경우 좌석을 바꿔주기도 한다. 이런 사실은 반드시 주변 동료들과 사무장에게 보고해야하며, 남은 기내 서비스동안 해당 승객은 특별히 더 관심을 갖고 챙겨주어야 한다. 주의해야 할 점은 현장에서 "세탁 쿠폰을 주겠다." 라는 표현은 사용해선 안된다. 일단 내 손에서 처리 가능한 만큼 처리하고, 사무장에게 보고를 하고, 그 이후 상황에 따라 승객 담당부서에서 일을 처리 하도록 한다.

Roleplay 85

퍼스트 클래스를 구경 해보고 싶은 유튜버 승객

퍼스트 클래스를 구경 해보고 싶은 마음은 이해하지만, 이럴 경우 퍼스트 클래스를 이용 중인 승객들에게 불편함을 끼칠 수 있다. 따라서 이런 경우는 비행 중엔 힘들지만, 비행이 끝나고 모든 승객들이 하기한 후에 구경을 할 수 있다. 우리 회사를 공짜로 소개해 준다는 것을 억지로 얼굴 붉혀가며 막을 필요는 없다.

Roleplay 86

야간 비행 도중, 갤리에서 나는 시끄러운 소리 때문에 손님이 불평하실 때?

야간 비행도중 갤리 소음으로 인한 승객의 컴플레인은 종종 발생하곤 한다. 따라서 경험이 있는 사무장들은 비행을 시작하기 앞서 반드시 승객분들이 수면을 취하는 시간에 갤리에서의 소음을 최소화 할 것을 승무원들에게 이야기한다. 하지만 갤리의 모든 기물들이 철제로 되어 있기에, 조심한다 하더라도 어느 정도의 소음은 발생할 수 밖에 없다. 일단 승객분께 소음에 대해 사과를 드리고, 핑계가 아닌 갤리에서 발생할 수 밖에 없는 소음에 관한 이유를 간단히 알려드린다. 그리고 혹시나 자리를 옮기실 의향이 있으시면 자리를 옮겨드리고, 이어플러그를 제공해 드린다. 또한 이 사실을 동료 승무원, 사무장에게 알려 동일한 컴플레인이 발생하지 않게 노력한다.

Roleplay 87

차가워야할 샴페인이 미지근하다고, 손님이 불평 하실 때?

"Hot should be hot, Cold should be cold." 카타르 항공에서 근무한 필자가 갤리에서 항상 들었던 말이다. 티, 커피와 같은 뜨거운 음료는 당연히 뜨거워서 마시기 좋을 정도로 서비스 되어야하고, 소프트 드링크와 샴페인 같은 경우는 당연히 얼음처럼 차갑게 준비 되어야 한다. 승객분께서 샴페인의 온도에 만족해 하지 못하지면 일단 사과를 드린후, 냉장고에 보관한 다른 샴페인을 준비해 승객분에게 서비스할 수 있도록 한다.

Roleplay 88

50대의 여성 승객이 승무원에게 이유 없이 화내실 때?

"50대 여성 승객이 화를 내신다면 저는 왜 화가 나셨는지를 여쭤보겠다. 이마도 화가 나신 이유가 있을 것이기 때문입니다."라는 식의 일반적인 답변은 면접관의 관심을 끌지 못한다. 가장 적절하게 면접관에게 어필을 할 수 있는 방법은 이 책에서 계속해서 설명하고 있는, 과거에 자신에게 비슷한 상황이 발생했었는지를 떠올려 보는 것이다. 예를 들어서 "내가 카페에서 근무를 하다가 50대 여성분이 나에게 화를 냈던 적은 있었는지?"라는 생각을 하게 된다면 한 번 쯤은 여성 손님이 화를 내셨던 적이 기억이 날 것이다. 그럼 그때 상황을 떠올리며 ABC 전략을 적용하여 답변을 만들어 주면 된다.

승무원들이 지나다니면서 자신의 팔을 계속 친다고 불평 하실 때?

자신이 아니라 동료 승무원에 대한 불평을 하셨을지라도 일단 변명이 아닌 진심의 사과를 먼저 드릴 수 있도록 한다. 또한, 같은 일이 재발하지 않을 것이라 설명을 드리고, 이후 주변 동료들 그리고 사무장에게 해당 이슈에 대해

▲ 대한항공 SERVICE EXCELLENCE 수상자

서 보고하고, 똑같은 일이 발생하지 않게 주의한다. 비행 중 틈틈이 해당 승객의 주변을 순찰하며 비행 중 필요한 것은 없는지 확인한다.

나 역시 똑같은 경험을 해본적 있음을 강조하자.

승객의 불만을 해결할 수 있는 여러 방법 중 하나로 바로 그 승객과 나의 공통점을 찾아내는 것이다. 영국의 심리학자 레빈(Levine)은 맨체스터 유나이티드의 유니폼을 활용해 사회 생활을 하는 데 있어서 다른 사람과의 공통점을 발견해 내는 것이 얼마나 중요한지와 관련된 연구를 진행하였다. 실험을 위해 맨유를 좋아하는 맨유 팬들을 한 건물로 초청을 했다. 그런 다음 또 다른 사람들을 초대해 맨유 유니폼(A집단), 흰색 티(B집단), 라이벌 유니폼(C집단)을 나눠서 입게 하고 이렇게 복장을 착용한 참가자들에게 길을 걷다가 일부러 넘어질 것을 요청하였다. 그리고 맨유의 팬들이 이 광경을 보고 어떤 식으로 대처하는 지를 관찰하였다. 연구 결과 A 집단이 넘어졌을 때 이를 도와주는 맨유 팬들이 제일 많았고, 그 다음으로 평범한 티를 입은 B 집단, 마지막으로 C 집단의 사람들이 넘어졌을 때 가장 적은 수의 맨유 팬들이 그들을 돕는 모습을 관찰할 수 있었다. 다시 말해 자신과 똑같은 팀을 응원하는 사람들을 우리는 더 적극적으로 도와주게 된다. 나와 관계가 있는 사람에게 더욱 공감하고 그들에게 친밀감을 느낀다는 선행연구는 다양한 분야에서 밝혀지고 있다.

이처럼 승객이 "다른 승무원이 자신의 팔을 친다."고 불평하면, 그냥 죄송하다고 이야기 할 것이 아니라 "나도 승객처럼 비행기를 탔을 때 다른 동료가 내 어깨를 치고 가서 얼마나 기분이 좋지 않았는지." 함께 이야기해 주자. 승객은 이렇게 승객과 동일한 경험을 갖고 있는 승무원을 자신과 한 팀으로 여기게 된다.

뜨거워야할 커피가 미지근하다고, 손님이 불평 하실 때?

승객분께 사과를 드리자. 또한, 기내 압력으로 인해 지상에서 마시는 커피와 같이 뜨거운 커피는 준비가 어렵다는 점을 설명드릴 수 있도록 하자. 하지만 기본적으로 뜨거워야 할 음식이나 음료는 당연히 뜨겁고, 차가워야할 음료나 음식은 당연히 차갑게 준비해서 나가야 한다는 서비스의 기본을 잊지말자.

 알고가기 **Our eyes don't lie: they're windows to the soul.**

"눈은 거짓말을 하지 않는다. 눈은 우리 마음의 창문이다."는 말을 들어본 적이 있을 것이다. 고객과의 시선 맞춤을 통해 여러분의 진실성을 전달해 보자. 예로부터 눈을 통해 그 사람의 진실성과 태도 심지어는 감정까지 전달할 수 있다고 이야기하는 학자들이 많이 있다. 인체에서 가장 복잡한 기관 중 하나인 눈은 빛에 반응할 뿐 아니라 사람들의 감정에도 반응한다. 여러분이 어떤 것에 자극을 받아 그것에 대한 관심이나 흥미가 생긴다면 여러분의 눈은 더 많은 정보를 받아들이기 위해 동공을 팽창시키게 된다. 그런 이유 때문에 예전부터 눈을 쳐다보는 행위를 커뮤니케이션에서 중요하게 생각하고 있으며, 선글라스를 끼는 행위 자체를 자신의 눈을 감추기 위한 의도로 생각하는 경우도 종종있다. 빈짝빈짝하는 눈으로 고객과 시선을 밎추며 대화를 이끌어 나가는 자신감 있는 미래의 여러분의 승무원의 모습, 생각만 해도 기대되지 않는가?

SMAT CS LEADERS 적절한 시선의 사용법

- 시선은 자연스러운 상태로 호감이 가는 느낌이 들게 상대방을 쳐다볼 수 있도록 한다.
- 상대방과의 눈 맞춤으로 인해 서로의 마음을 통할 수 있다는 것을 명심한다.
- 눈을 계속해서 오래 쳐다보면 상대방이 불편함을 느낄 수도 있기에 코와 턱 사이를 번갈아 가며 보는 것도 좋다.
- 상대를 쳐다보고 있지 않는 눈은 대화에 집중하고 있지 않다는 느낌을 줄 수 있기에 피해야 한다.

- 상대방을 곁눈질로 쳐다 본다면 대화에 불만이 있거나, 의심을 품고 있다고 느껴지게 할 수 있다.
- 상대방을 치켜뜨는 시선은 상대에 대한 거부나 항의의 표시로 보일 수 있기에 피해야 한다.
- 상대방을 내려보는 시선은 자칫 거만하게 보일 수 있기에 조심해야 한다.

Roleplay 91

식사 서비스 도중, 손님이 자신이 주문한 스페셜 밀이 없다고 불평하실 때?

상황에 대해 승객에게 사과를 드리고, 대체할 수 있는 음식이 있다면 기내에서 대체 가능한 메뉴로 대처를 하는 것이 좋다.

Roleplay 92

비행기 도착시간이 늦어져서, 승객분께서 불평 하실 때?

정시출발·도착은 항공사와 승객의 약속이다. 원인이 무엇이든 일단 승객분께 사과를 드리고 승무원은 불평하신 승객분께 기내에서 최대한 도움을 줄 수 있게 상황을 조성해 본다. 예를 들어, 승객 분이 내리실 때 조금이라도 더 빨리 내리실 수 있게 좌석의 위치를 출구 쪽으로 바꿔드려 조금이라도 미안한 마음이 승객분에게 진심으로 전달될 수 있게 노력한다. 또한, 반드시 다른 동료, 사무장에게 이 사실을 보고하고 회사에서 승객을 위한 또 다른 조치를 할 수 있는 환경을 조성해 놓는다.

> 승무원 콜벨을 눌렀는데, 승무원이 왜 이렇게 늦게 오냐고 손님이 불평 하실 때?

승객이 화를 내는 이유는 '내가 케어받고 있지 못하다.'라고 느끼기 때문이다. 변명보다는 먼저 사과를 드리고, 승객이 필요로 하는 것을 준비해 줄 수 있도록 하자. 그리고 다른 동료들과 사무장에게도 이 사실을 공유해서 혹시나 모를 또 다른 컴플레인을 막을 수 있도록 하자. 비행이 끝나기 전까지 해당 승객에게 조금 더 관심을 갖고, 해당 비행에서 제공 가능한 최고의 서비스를 전달 하도록 하자. 기내에서 제공되는 작은 기념품도 받는 승객의 입장에선 크게 느껴질 수 있다.

예를 들어, 50대 여성 승객이 불만족스러운 표정으로 기내에 앉아 계신다면 저는 일단 기분을 풀어 줄 수 있는 방안을 찾아보겠습니다. 제가 예전 카페에서 근무를 하던 중 한 여성 승객분께서 굉장히 불만족스러운 모습으로 매장을 찾으신 적이 있었습니다. 이유는 모르겠지만 무언가에

화가 단단히 나신 모습이었습니다. 당시 저는 고민을 하다가 음료를 드리며 그 분의 음료에 "환하게 웃으시는 모습이 너무 잘 어울리실 것 같아요. 좋은 하루 되세요."라는 메모를 올려서 드렸던 적이 있었습니다. 그 메모를 보신 승객분께서는 한참이나 크게 웃으시곤, 고맙다며 매장을 떠나신 적이 있습니다.

20대의 여성 승객이 승무원에게 이유없이 화내실 때?

불만이 있는 승객의 불만을 없앨 수 있는 방법 중 하나인 그 사람과 나의 유사성을 활용해 보자. 20대 여성 승객과 나는 어떤 유사성이 있을까? 태도, 성격, 흥미, 가치 등이 비슷비슷한 사람끼리는 서로 끌리는 경향이 있다. 이를 우리는 유사성의 원칙(Principle of similarity)라고 이야기한다. 서로 비슷한 외모를 가진 부부끼리 결혼하는 경우를 많이 봤을 것이다. 유사성의 원칙과 관련한 연구에서 대부분의 경우 자신을 이해하고, 자신과 비슷한 외모의 사람을 좋아하는 경향이 있는 것으로 나타났다.

70년대 미국에서 의복과 관련한 연구에서 유사성의 원칙을 잘 드러낸 연구결과가 있다. 70년 당시 유행한 히피 스타일과 깔끔한 정장스타일의 비교를 위해 실험자들을 두 팀으로 나눠 히피스타일을 입은 팀과 정장을 입은 팀으로 나누었다. 실험자들이 대학 교정을 돌아다니며 공중전화 통화를 위해 10센트를 빌려보게 시켰는데, 연구 결과 실험자와 복장이 비슷했던 경우의 학생들은 70% 이상에게서 돈을 빌릴 수 있었지만, 실험자와 복장이 비슷하지 않았던 학생들의 경우에는 성공률은 50%도 되지 않는 것으로 밝혀졌다.

이러한 유사성의 원칙을 활용해 20대 여성 승객과 승무원인 나의 유사성을 찾아보자. "아마 우리는 여행을 좋아할 것이고, 특정 지역으로 현재 여행을 하고 있고, 설레는 마음을 갖고 있다."와 같은 수많은 유사성을 찾아낼 수 있을 것이다. 그런 유사성을 통해 대화를 시작하고 승객과의 관계를 개선해 나가자.

비행기의 도착 시간이 늦어져(딜레이 되어서), 트렌짓(연결편)을 탑승하지 못하
게 된 승객 대처 법?

사과를 드리고 기내에서 승무원이 할 수 있는 조치를 취하도록 한다. 일단 승객의 자리를 출구와 가장 가까운 좌석으로 옮겨드려, 비행기가 공항에 도착한 즉시 비행기를 빠져나갈 수 있는 준비를 한다. 또한, 지상 직원에게 미리 연락하여 해당 승객을 데리고 바로 다음 연결 비행기편으로 가는 것을 도와줄 수 있도록 하자.

하지만 이런 상황에서 승객에게 "다음 번 비행기가 승객분을 기다리고 있을 것이다."라는 식의 약속은 하지 않는 것이 좋다. 이유인 즉 기다리는 시간이 길어지다 보면 다음 비행기는 회사의 정해진 기준에 따라 해당 승객을 기다릴 수도 있고, 그냥 출발할 수도 있다. 따라서 다음 비행기 출발과 관련한 정확한 정보가 없는 상태에서 승객에게 무작정적인 희망을 위한 약속을 하는 것은 좋지 않다.

승객이 다른 승무원의 표정에 대해 "웃고 있지 않다."고 불만을 제기할 때

다른 동료의 좋지 않은 점을 승객과 함께 이야기하는 것은 옳지 않다. 예를 들어, 승객이 "저 승무원은 왜 서비스를 하는 사람이 표정이 저렇게 우울하죠?" 라고 이야기를 했을 때 동료에 대해 "제가 봐도 그렇군요. 가서 주의를 주겠습니다."라고 말한다는 것은 절대 삼가야 할 것이다. 대

신 승객 앞에선 "불편을 드려서 죄송합니다." 정도로만 답변한 이후 해당 동료 승무원에게 가서 자초지종을 물어보는 것이 좋다.

대형 항공사에는 항상 기념품을 받을 수 있었는데, 왜 LCC엔 기념품이 없냐고 불평하는 승객?

"비행기에 탑승한다면 누구나 기념품 하나쯤은 받고 싶어 할 것인데, 그런 승객분의 마음을 이해하지 못한 우리 항공사의 승무원으로서 승객분께 사과를 드리고 더 나은 항공사가 되기 위해 노력하고 있다."고 이야기하자. 그리고 비행간 승무원이 기내에서 해줄수 있는 다양한 이벤트로 승객의 서운함을 달래 줄 수 있도록 하자. 실제 일부 항공사 같은 경우는 기내에서 사용

▲ 신입 객실승무원의 교육 현장

하는 펜조차도 승객이 사용을 한 다음에 돌려달라고 하는 경우가 종종 있는데, 승객의 입장에서 이런 기념품적인 측면은 조금 서운할지 몰라도 승객 모두를 미소짓게 하는 다양한 이벤트를 제공해 주고 있으니 승객 입장에서 기념품은 한 발 물러설 수도 있을 것이다.

옆 승객의 발 냄새로 주변 승객들이 불편함을 느낄 때

기내에서 종종 발생하는 문제이다. 보통 기내에는 방향제도 비치되어 있지만, 방향제 사용시 해당 승객이 부끄러움을 느낄 수도 있다. 따라서 승객들이 알게 모르게 냄새를 제거할 수 있는 방법은 기내에서 실리는 커피 팩을 사용하는 것이다. 커피 팩 같은 경우는 좋지 않은 냄새를 제거하는 효과가 상당히 좋은 편으로. 필자도 비행을 하며 종종 사용 했던 방법이기도 하다. 또한 비행에 따라(장거리 비행 또는 야간 비행) 기내용 슬리퍼나 양말이 실리는 비행도 있다. 이럴 땐 해당 승객을 찾아 "발이 추워보인다 또는 화장실 다니실 때 맨발로 다니시는 것보다는 슬리퍼를 신는게 개인 위생에서 훨씬 좋을 것이다."라는 식의 다른 핑계를 대며 슬리퍼를 신게한다.

기내 식사도중 머리카락이 나왔다고 주장하는 승객?

사과를 드린 뒤, 머리카락이 담긴 음식을 통째로 승객의 앞에서 치울 수 있도록 한다. 그리고 제공 가능한 다른 메뉴를 승객에게 제공하고 사무장에게 이 사실을 알린다. 특히 이런 상황에 중요한 것은 머리카락이 나온 출처를 확인해야 하는 것인데, 이를 위해 해당 음식을 그대로 보관하여, 특이사항을 처리하는 담당부서로 음식을 보내 앞으로 다시는 비슷한 일이 발생하지 않도록 한다.

Roleplay 100

기내를 승객이 맨발로 다니다가 발에 무언가를 찔려, 기내 청소 상태에 대해
불만을 한다면?

사과를 드리고 기내 비치된 응급상자를 활용해 응급조치를 먼저 취하
도록 한다. 사무장에게 이 사실에 대해 알리고 동료 승무원들과 함께 또
다른 이물질이 없는지 기내 바닥을 점검하도록 한다. 비행 중 틈 날 때
마다 해당 승객을 찾아 필요한 것은 없는 지 확인하는 모습을 보여준다
면, 승객 입장에서는 '항공사에서 자신을 챙겨주고 있구나'라는 생각이
들 것이다.

Roleplay 101

갑자기 승객이 이유없이 화를 내며 사무장을 불러오라고 한다면?

일단 승객의 이유가 무엇인지 확인할 수 있도록 하자. 대부분의 상황
에 이런 경우는 별 이유 없이 컴플레인을 하거나 좌석을 업그레이드 해
달라고 하는 경우가 대부분이다. 일단 해당 좌석의 서비스와 안전을 책
임지는 승무원이기 때문에 어떤 일로 사무장을 보고 싶어하는지 이야
기 해달라며 승객과 대화를 시도하는 것이 좋다. 승객이 사무장을 보
고 싶어한다고 무작정적으로 사무장을 부르면 그 상황은 해결될지 모르
겠지만 여러분의 승객을 다루는 스킬은 절대 늘지 않는다는 것을 명심
하자.

승객에게 식사서비스 중 제공되는 작은 와인을 병채로 드렸는데 승객이 그 와인을 마시는 것이 아니라 가방 속에 몰래 넣는 경우?

일단 승객분께 기내에서 제공된 와인은 들고 내리실 수 없다고 말씀드리자. 특히, 알콜 같은 경우는 비행기가 착륙하는 국가에서 정한 규정량 이상을 갖고 세관을 통과할 경우 그 승객은 벌금을 내야하는 경우도 종종 발생한다. 물론 모른 척하고 그 상황을 지나갈 수도 있지만, 혹시나 그 승객이 세관에서 적발될 경우 그 승객은 세관에서 벌금과 함께 더 큰 망신을 당할 수 도 있다는 것을 생각하고, 승객의 입장에서 생각해보자.

식사 서비스중 옆 카트에 비해 내가 서비스하고 있는 카트가 상대적으로 서비스 속도가 늦어서, 손님이 옆줄의 카트와 비교하며 화를 내는 경우?

배가 고픈 상태의 승객이라면 이렇게 불평하는 것이 이해가 가기도 한다. 일단은 승객분께 "조금 늦어 죄송하지만 더 맛있는 메뉴를 추천해주겠다."며 사과를 드릴 수 있도록 하자. 또한 서비스를 하는 도중 옆 동료와 계속된 소통을 통해 서비스 속도를 비슷하게 맞추거나 하는 서비스 스킬이 필요하며, 이는 해당 비행의 사무장이 반드시 해 줘야 하는 일이기도 하다.

승객이 옆자리 손님이 마음에 들지 않는다며 자리를 바꿔 달라고 하는 경우?

전 세계의 다양한 생각을 가진 사람들이 탑승하는 곳이 비행기이기에 가끔씩 이유없이 이런 경우가 발생하기도 한다. 혹시 주변에 바꿔줄 수 있는 자리가 있다면 자리를 바꿔주도록 하자.

또한, 만약에 발생할 수 있는 최악의 상황까지 가정해 가며 해당 손님을 관찰 하도록 하자. 반드시 사무장과 상의하고, 다른 동료들도 이런 상황에 대해 인지하고 있도록 하자.

▲ 다양성을 존중하는 항공사

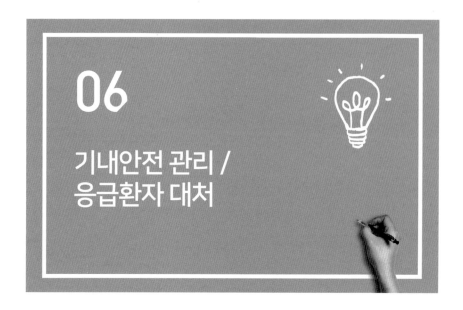

06
기내안전 관리 /
응급환자 대처

1 **승무원의 존재 이유는 서비스가 아니라 안전이다.**

💡 기내 보안 점검(Security check)

　보안 점검은 비행기에 숨겨진 위험 물품은 없는지(폭탄 등) 확인하는 과정으로 보통 15분 정도 소요되며, 이 기간 승무원들은 기내에서 자신이 담당한 모든 구역을 점검해서 비행과 관련 없거나 또는 비행에 위험을 주는 물품이 없는지 확인해야 한다. 비행의 안전과 관련한 활동이므로 심지어는 화장실에 있는 쓰레기통, 화장실 거울 뒤편까지 확인해야 한다. 미국 비행과 같은 특정 비행은 객실승무원이 아닌 미국에서 파견한 인원들이 보안 점검을 대신 하기도 한다.

영문명	국문명	비 고
Cabin	객실	자신의 담당구역 전부를 확인
Galley	갤리(주방)	해야하며 눈에 보이는 곳만 확
Lavatory	화장실	인하는 것이 아닌 좌석 밑, 화
Jump seat	승무원 좌석	장실 거울 뒷 공간, 옷장 안, 승
Passenger seat	승객 좌석	무원 휴식 장소 등등 위험 물질
Coat closet	옷장	이 있을 수 있는 모든 곳을 점
Bunker	승무원 휴식 장소	검해야 한다.

기내 안전 점검(Safety check)

안전 점검은 비행기에 실려있는 안전 장비가 정확한 숫자가 제 자리에 놓여있고, 사용 가능한지를 확인하는 단계이다. 예를 들어, 기내 응급환자 발생시 필요한 산소통이 해당 비행기에 필요한 숫자만큼, 정해진 위치에 놓여있는지 확인하고, 사용 가능한지 확인한다. 좌석에 부착된 안전벨트 역시 안전과 관련된 장비이기에 모든 좌석의 안전벨트가 제대로 작동하는지 이 단계에서 확인해야 한다.

▲ 기내 보안점검과 미연가지로 비행기 탑승전에 통과하게 되는 공항내 보안점검

🔰 기내 안전 점검이 필요한 장비

영분병	국문명	비 고
First aid kit	비상 의료함	비행의 안전과 관련된 모든 물품들의 정확한 비치 및 작동 상태를 확인한다. 단 하나라도 없으면 비행할 수 없다.
Portable oxygen bottle	산소통	
Automated external defibrillator	자동 제세동기	
Flash light	후레쉬	
Life jacket	구명 조끼	

알고가기

　기내 안전점검을 해야하는 모든 물품 중 단 한 개라도 없으면 그 비행은 안전하지 못한 비행으로 간주되어 비행기는 출발할 수 없다. 각 승무원들은 자기 구역의 기내 안전점검이 끝나면 승무원은 사무장에게, 사무장은 기장에게 보고를 해서 비행준비상태 보고를 마치게 된다.

　필자가 예전에 비행 하던중 이런 일이 있었다. 당시 카타르 도하 바로 옆 동네인 두바이 비행을 다녀와야하는데(비행시간 1시간), 기내에 반드시 있어야하는 MRT(Manual release tool)가 1개 모자랐다. MRT는 기내에서 압력에 이상이 생겼을 때, 산소마스크가 수동으로 떨어지게 만들어 주는 굉장히 중요한 도구이지만, 그 도구가 없다면 승무원들이 유니폼에 달고 있는 명찰의 핀을 대신 사용해도 가능하다. 이 물품이 없다고 캡틴에게 보고를 했더니 결국엔 이 MRT를 하나 찾아 오기 위해 1시간 정도 비행이 늦춰진 경우가 있었다. 이처럼 기내 안전점검은 비행을 하는데 있어서 필수적이며, 가장 중요한 단계 중 하나이다.

▲ MRT의 모습

기내 서비스 도중 술에 취한 승객이 돌아다니며 승무원에게 말을 걸고 있을 때?

안전에 직접적으로 위협이 되는 요소이다. 이런 상황까지 가지 않도록 승무원이 미리 승객에게 서비스하는 알콜의 양을 조절해서, 승객을 컨트롤 하는 것이 중요하다. 하지만 이런 상황이 닥쳤을 경우, 승무원은 해당 손님이 술을 깰 수 있게 이야기를 걸거나, 마실 수 있는 물을 주는 식으로 승객이 술을 깨는 것을 도와줄 수 있도록 하자. 또한, 기내에서는 예상치 못하게 갑작스런 터뷸런스가 발생하기도 하므로 술 취한 승객은 가능한 한 자리에 앉아서 안전벨트를 매고 있을 수 있게 승무원이 자주 확인해 주는 것이 좋다.

술에 취한 승객의 추가적인 알콜 섭취를 늦출 수 있는 3D's rule이 있다.

- Delay : 술 주는 서비스 자체를 딜레이 시킨다. 승객이 술을 달라고 요청할 경우, 바로 술을 주는 것이 아니라 술을 서비스하는 시간을 지연 시킬 수 있도록 하자.

- Dilute : 술에 얼음이나 물을 타서 희석시킬 수 있도록 하자. 특히, 위스키 같은 경우는 일반적으로도 스트레이트로 위스키만 마시는 것이 아닌 얼음이나 물을 종종 타 마신다. 따라서 술 취한 승객들에게는 평상시보다 더 많은 얼음이나 물을 타 주도록 한다.

- Deny : 손님이 술을 많이 마셨다고 판단될 경우엔 술을 서비스하는 것을 거부한다. 하지만 이 상황은 마지막 순간에 사용할 수 있

도록 하자. 또한, 대부분의 경우 승무원 개인보다는 사무장이 이러한 권한을 사용하는 것이 승객 입장에서도 거부감이 덜 할 것이다. 일부 항공사에서는 "3잔 이상 술을 서비스하지 않음."이라는 술과 관련된 자체 규정을 가지고 있는 곳도 있다.

Roleplay 106

기내에서 담배를 피고 싶어하는 승객?

기내에서의 흡연은 안전상 이유로 절대로 금지되어 있다. 혹시나 이미 흡연을 한 승객이라면 해당 승객의 정보를 확인하고, 화재의 위험을 설명하며 다시는 흡연을 해선 안된다고 설명해 주자. 또한, 이 승객에 대한 정보를 모든 승무원들과 공유하고, 나중에라도 이 승객이 화장실을 찾을 땐 주의깊게 모니터링 할 수 있도록 하자. 또한, 흡연 욕구가 있다고 밝히신 승객 같은 경우는 흡연을 참을 수 있게 간식거리를 준비해 드릴 수 있도록 한다.

Roleplay 107

비행 이륙 준비를 하고 있는데 전화를 사용하려고 하는 승객?

안전한 이륙을 위해서 전화의 사용은 절대적으로 금지된다. 다시 한 번 승객분에게 안전 지침에 대해 설명해 드리고, 다른 동료 승무원들과 해당 정보를 공유할 수 있도록 한다.

아이가 계속 울어서 아이에게 안전벨트를 못매게 하겠다는 승객?

아이의 안전을 위해서 안전벨트는 반드시 매어야 한다. 불편함을 느끼더라도 스스로의 안전을 위한 조치임을 아이 부모에게 설명할 수 있도록 하자.

터뷸런스 상황에서 화장실을 가고 싶다고 이야기하는 승객?

승객의 안전을 위해서 화장실을 사용할 수 없다. 불편함을 느끼시더라도 스스로의 안전을 위해서라고 이야기 하도록 한다. 다만, 실제로는 화장실 사용이 너무나 급할 경우 "승객의 동의"를 받고, 해당 승객을 화장실까지 안내해 주는 경우도 예외적으로 있다.

▲ 실제 항공사 기내에 탑재되는 테이저 건

Roleplay 110

이미 술을 많이 드신 승객이 술을 더 달라고 요청 하실 때?

주류는 승객의 상태를 봐가며 승무원이 제공하도록 하는데, 많이 취하신 것 같다면 지상보다 기내에선 더 빨리 술에 취한다는 것을 설명해 드리고, 잠시 술이 깰 수 있게 시원한 물을 권해 드리도록 한다. 술은 기내 난동과 직결되는 문제이며, 이에 대한 법적인 규정도 계속해서 높아지고 있는 상황이다. 회사 규정마다 다르지만 일반적으로 국내항공사에서는 통상 1인당 3잔을 제공하고, 그 이후로는 승무원의 판단에 따라 주류 서비스 여부를 결정한다. 또한, 해당 정보를 다른 동료, 사무장과 공유하여 혹시나 다른 승무원이 술에 취한 승객에게 실수로 술을 더 서비스하지 않게 주의하도록 한다. 또한, 승무원은 계속해서 해당 승객을 모니터링 할 수 있도록 한다.

Roleplay 111

뒷 좌석의 아이가 기내를 뛰어다녀서, 시끄럽고 정신없다고 불평하시는 승객?

일단 승객분께 사과를 드리고 어린이의 부모님에게 양해를 구한다. 다른 승객으로부터 컴플레인이 들어왔다고 말하기 보단, 기내는 언제나 터뷸런스의 위험이 존재하기에 아이의 안전을 생각해 안전벨트를 착용하고 자리에 앉아서 부모가 옆에서 보살펴줄 것을 공손하게 부탁드린다.

비행기가 착륙은 했지만 여전히 움직이고 있는 상황에서 자신의 짐을 꺼내기
위해 일어난 승객?

승객의 안전을 생각해서 즉시 자리에 앉을 수 있도록 승객분을 도와
드려야한다. 여전히 비행기가 움직이고 있는 상황이기 때문에 급정지라
도 하게되면 승객은 부상을 입을 수도 있다. 또한, 여러 명이 있는 공간
에서 한 승객이 일어서서 짐을 꺼내면 다른 승객도 따라 일어서서 짐을
꺼내는 현상이 발생하기 때문에 이를 막기 위해서라도 즉시 일어선 승객
을 자리에 앉을 수 있게 도와준다.

출발 전 건강에 이상이 있다고 비행기에서 내리고 싶다고 하는 승객?

출발 전 건강에 이상이 있는 승객은 혹시나 모를 경우를 대비해서 비
행기에서 내리는 것이 좋다. 다만, 기내에서 출발 전 승객이 내리게 되면
혹시 모를 사태를 대비해서(테러범이 기내 폭탄을 두고 내릴수도 있으므로) 해당 항공기는
보안 점검을 다시 실시해야한다. 보안 점검은 약 40분 정도 소요가 되는
데, 이때 다른 승객분들이 동요하지 않게 기내 방송을 실시하고, 아픈
승객이 있어서 그 승객의 하기로 인해 보안점검을 다시하고 있는 상황을
잘 설명해 주는 것이 필요하다.

Roleplay 114

이륙을 준비하며 활주로에 대기 중인 상태에서 승객이 화장실을 사용하고 싶다고 하실 때?

활주로 대기 상태는 언제 비행기가 떠도 이상하지 않은 상황이다. 따라서 승객분께 승객분의 안전을 위해 잠시만 더 기다려 달라고 요청한다. 계속해서 시간이 지체되는데 비행기가 움직이지 않을 경우, 사무장과 연락하여 현 상황을 업데이트 할 수 있도록 한다. 화장실을 가고 싶은 승객의 마음을 이해는 하지만 이 상황은 절대 타협할 수 없는 안전과 관련된 사항이다.

핵심 기내 롤플레이 123
Roleplay 115

도착지에 도착을 해서, 승객들이 내리고 있던 도중 갑자기 한 손님이 화장실이 가고 싶다고 할 때?

즉시 화장실을 안내해 드리고, 이 손님이 내리실 때 까지 승무원은 이 손님의 존재를 알고 있어야 한다.

요즘엔 이런 일이 자주 발생하지 않지만 예전에 모 항공사에선 모든 승객이 내리고, 승무원도 전부 내렸는데 손님 한명이 화장실에 남아 있었던 웃지 못할 헤프닝도 있었다. 물론 이 문제는 보안상 심각한 문제이다. 이유인 즉, 모든 승무원들은 비행이 끝나고, 모든 승객들이 내린 다음 비행기 안에 위험물질은 없는지 보안 체크를 해야하는데, 승객이 기내에 남아 있었고, 그 사실을 승무원들이 몰랐기 때문이다.

비행기 이륙 또는 착륙 준비를 하던 중 자신의 짐을 비상구 좌석 쪽에 놓고 있는 승객?

비상구는 항상 비상 탈출의 준비가 되어있어야 하는 공간임으로 승객분께 짐을 다른 곳으로 위치 시킬 것을 부탁드린다. 만에 하나 승객이 자신의 짐을 자신의 옆에 계속 위치 시키고 싶어한다면 비상구 좌석이 아닌 다른 좌석으로 승객의 자리를 바꿔드릴 수 있도록 한다.

자신은 고소공포증이 있다고 비행기에서 내리고 싶다고 이야기하는 승객?

우리 항공사는 지금까지 단 한 번의 인명사고도 발생하지 않은 안전한 항공사라는 것을 승객에게 인지시키자. 마음 편한 생각을 할 수 있게 밀착 케어를 실시하고, 되도록 넥타이나 붙는 셔츠처럼 딱붙는 옷은 느슨하게 만들 수 있게 도와주자. 승객이 최대한 안심을 할 수 있게 도와주는 것이 필요하다.

알고가기 **고소공포증으로 두려워하는 승객에게 신체적 접촉은 효과가 있을까?**

1976년 Fisher 교수는 신체적 접촉과 관련해 한 재미있는 연구결과를 발표했다. 도서관에서 실시된 이 연구는 신체적 접촉이 서비스에 미치는 영향이 있는지에 관한 연구였다. 그는 도서관의 사서들에게 학생들의 도서관 대출증을 되돌려 줄 때

- 학생의 손바닥에 대출증을 내려 놓음으로써 가벼운 신체적 접촉을 시도
- 학생의 대출증을 돌려줄 때 절대로 학생과의 신체적 접촉이 없게함

위와 같은 다음 두 가지 상황이 연출되도록 지시하였다. 그 결과는 어떠하였을까? 여러분이 짐작하는 데로 사서와 가벼운 신체적 접촉이 있던 학생들이 그렇지 않은 학생들보다 도서관의 서비스를 더 높게 평가 했다.

비슷한 연구결과가 다른 서비스 영역에서도 많이 관찰되고 있다. 고소공포증으로 떨고 있는 여성 승객이 있다면 여승무원이 다가가서 손을 꼭 잡으며 "괜찮다."고 한마디 해주는 것만으로도 많은 승객들이 고마움을 느낄 것이다. 대부분의 여성 승객과 여승무원의 관계에서는 신체적 접촉이 상당히 효과가 있다는 것을 염두에 두자.

핵심 기내 롤플레이 123
Roleplay 118

기내 응급환자가 발생한 상황에서, 의사가 아닌 승객이 도와주고 싶다고 한다면?

고마운 일이지만 좁은 공간에서 여러 사람이 한 사람을 돕는다는 것이 쉽지는 않다. 일단 고마움을 전하고 거절할 수 있도록 하자.

또한, 기내에서 전문의가 도움을 줄 경우도 반드시 전문의 자격증을 확인한 이후 도움을 받도록 하자. 간혹 면허가 정지되거나, 면허증을 소지하고 있지 않은 채 비행기를 탑승한 의사도 있는데 그런 경우 해당 의사로부터 도움을 받지 않는다.

화장실에 들어갔는데 20여 분이 넘게 나오지 않는 승객?

보통 이런 경우는 잠금잠치의 오작동으로 아무도 없는데 문이 잠겨 있거나, 승객이 건강상 문제로 쓰러진 경우가 대부분이다. 일단 문을 두드려 안에 누가 있는지 확인을 한다. 응답이 없더라도 문을 한꺼번에 활짝 열기보단 살짝 안을 볼 수 있을 만큼 문을 열어 무슨 일이 벌어지고 있는지 확인할 수 있도록 한다.

악질 소비자

상습적으로 악성 불만을 제기하는 승객을 뜻하는 악질 소비자는 우리나라에서 Black consumer라고 불리지만, Bad consumer로 사용되는 것이 옳다. Black consumer는 콩글리쉬 표현으로 Black consumer는 흑인 소비자를 의미한다. 악질 소비자는 기업이나 업체를 대상으로 갑질이나 트집으로 무리한 대가를 요구한다.

2016년 대한항공을 탑승한 국내 모 중소기업 대표의 아들인 K씨는 베트남에서 출발해 인천으로 향하던 중 만취해 옆자리 승객에게 시비를 걸고, 이를 제지하려던 승무원을 폭행하는등 약 4시간 동안 기내에서 소란을 피우며 기내 안전을 위협한 사건이 있었다. 특히, 해당 비행기에는 유명 팝가수인 리처드 막스가 타고 있었는데 그가 승무원들의 소극적인 대처를 보며 답답함을 참지 못하고, 직접 나서서 K씨를 제압하면서 당시 SNS와 언론 상에서 소극적인 객실승무원 또는 교육을 제대로 받지 못한 승무원이라는 승무원에 대한 반성을 요구하는 하는 국민적인 분위기도 있었다.

하지만 승무원들의 적극적인 대처가 아쉬웠던 이면에는 항공사는 여전히 서비스로 먹고 사는 기업이라는 것을 생각해 보아야 한다. 어떤 사건이 발생했건, 직원과 승객 사이에 마찰이 생겼을 때 기업에서는 사실 확인을 위해 해당 직원을 불러 조사를 하게 되는데 이 과정에서 책임 소재와 관련해 직원이 또 다른 문제에 빠질 가능성이 있다는 말이다. 그나마 위의 사건처럼 안전과 관련되는 항공사내에서의 상황은 강력한 처벌과 대응이 가능하지만, 다른 서비스 업종의 종사자들은 여전히 법적인 보호를 받을 방법이 적다는 것이 문제이다.

과연 악질 소비자는 승객이라고 할 수 있을까?

악질 소비자는 비이성적인 방법으로 자신들의 불만을 표출한다. 악질 소비자 앞에서 회사의 서비스 매뉴얼은 아무런 소용이 없다. 이들의 행동은 예측 불가하다. 평범한 보통 승객 100명을 상대하는 것보다 1명의 악질 소비자를 상대하는 것이 육체적으로 정신적으로 더 힘이 든다. 또한 이런 이유에서 이직을 결심하게 되는 직원들 역시 존재한다. 이러한 악질 소비자에 대응하기 위해선 일단 앞서 본 대한항공의 경우처럼 승무원들이 우려하는 혹시 모를 불이익이 없는 기업 시스템을 정착시켜야 한다. 그런 다음 승무원이 입게 된 심리적 상처를 치유해 주려는 기업의 노력이 필요하다. 기업 자체적으로 이런 악질 소비자를 만났을 때 직원들이 자신감 있게 대처할 수 있는 환경을 만들어 주어야 한다. 또한, 이런 상황에선 단발성 이론 교육 보다는 실제 사례를 중심으로 주기적인 반복 교육을 진행하는 것이 좋다.

악질 소비자를 상대하는 승무원의 마음가짐

1) 저 사람은 승객이 아닌 악질 소비자이다.

악질 소비자는 악의적으로 직원에게 정신적 폭력을 가한다. 이런 악질 소비자를 일반 승객과 동일하게 대처하는 것은 옳지 않다. 내 마음이 이런 악질 소비자에게 스트레스 받지 않도록 마음을 추스릴 필요가 있다.

2) 악질 소비자의 비난의 대상은 내가 아니다.

악질 소비자의 비이성적인 언행의 대상은 내가 아니다. 만약 내가 이 자리에 없었더라도 다른 내 동료가 이 악질 소비자를 상대했어야 한다. 다시말해, 악질 소비자는 나를 타겟으로 삼아 여기에 온 것이 아니라 우리 회사를 타겟으로 여기에 온 것이다.

3) 나 스스로의 가치를 확인하기

악질 소비자를 만나면 우울감에 빠지기 쉽다. '내가 무엇 때문에 이런 대접을 받아가며 여기서 일해야 하나?' 이때 가장 중요한 것은 자기 자신에 대한 확신이 필요하다. 자기 스스로에 대한 확신과 존중이 없다면, 그 누구도 나를 존중하지않을 것이다.

악질 소비자를 상대하는 3단계

앞서 밝혔다시피 악질 소비자에 대응하는 것은 쉽지 않지만 여기서 설명하는 3단계만 잘 따른다면 악질 소비자를 상대하는데 드는 에너지 소비가 덜 할 것이다.

- **1단계** – 이성을 잃지말자. 이 승객은 나에게 화를 내거나, 나를 모욕하는 것이 아니다. 어디서든지 이렇게 행동하는 악질 소비자일 뿐이다. '왜 내가 이런 수모를 당해야 하지?'와 같은 생각을 할게 아니라 눈 앞에 벌어진 문제를 해결할 수 있는 방안만 생각한다.
- **2단계** – 규정을 따른다. 간혹 승객이 강하게 나올 경우 직원들은 "원래는 안되지만, 이번은 해드릴께요."라고 하는 순간이 나온다. 그럴 경우 지금까지 안된다고 회사의 규정을 이야기 했던 직원들의 사기는 바닥으로 떨어져 버린다.
- **3단계** – 증거를 남긴다. 악질 소비자의 행동을 반드시 증거로 남겨야 한다. 앞서 이야기한 대한항공 480편의 대처 상황 동영상에서 보면 당시 승무원의 대처 상황과 악질 소비자의 행동이 고스란히 영상에 담겨 있다. 필자의 개인적 생각이지만 당시 영상 촬영자의 대화를 토대로 했을땐, 그 영상 역시 당시 상황 증거를 남기기위해 승무원이 직접 촬영한 영상이라고 추측이 된다.

2 고도 28,000ft 에서 응급환자 대처하기

Roleplay 120

> 기내 서비스 도중 승객이 속이 좋지 않다며 바늘로 자신의 손을 따달라고 하실 때?

승무원이 바늘로 승객의 손을 따주는 것은 금지되어 있다. 따라서 이런 경우엔 기내에 적재되어 있는 의약품을 사용한다. 상황의 경중에 따라서 기내에 탑승하고 있는 의사를 기내 방송으로 찾거나, 회사 매뉴얼에 따라 지상의 메디컬 센터로 연락을 취한다.

알고가기 멀미 봉투 vs 구토 봉투 vs 위생 봉투, 무엇이 정답일까?

차나 비행기에서 멀미를 경험해 본 적이 있는가? 여행은 너무나 즐겁지만 멀미 증상 때문에 여행을 즐겁게 하지 못하는 사람들도 여전한 것으로 알고 있다. 기내에서는 승객들이 멀미 증상으로 인해 구토를 할 경우를 대비해서 모든 좌석마다 비닐 봉지 대신에 봉투를 비치해 놓고 있다. 과연 이 봉투의 정식 명칭은 무엇일까?

일단 국립국어원 표준국어 대사전을 확인하면

- **멀미** : 차, 배, 비행기 따위의 흔들림을 받아 메스껍고 어지러워짐.
- **구토** : 먹은 음식물을 토함
- **위생** : 건강에 유익하도록 조건을 갖추거나 대책을 세우는 일.

멀미, 구토, 위생은 다음과 같은 뜻을 가지고 있다. 따라서 우리가 멀미증상으로 인해 구토를 할 때 사용하게 되는 봉투는 구토 봉투라고 불러야 상식적으로 맞다. 하지만 모든 항공사에선 그 봉투를 구토 봉투가 아닌 위생 봉투(Airsickness bag)라고 부른다. 그 이유는 무엇일까? 항공사는 단어 하나하나가 갖고 있는 단어의 힘을 잘 알고 있기 때문이다. 고객에게 보여지는 이미지가 바로 각 회사의 브랜드 파워로 연결되는 항공사는 절대로 고객의 인상이 찌푸려질 만한 단어는 사용하지 않는다. 그런 이유로 인해 비행기의 엔진이 고장을 일으켰더라도 기장들은 "비행기에 기술적 장애(technical problem)가 생겼다"고 이야기하지 "고장났다(broken)"라고 말하지 않는다.

명심하자. 고객과 대화를 할 때는 반드시 긍정적인 단어만 사용해야 한다.

귀가 막히고, 아픈 것 같다고 손님이 불평 하실 때?

기압 차이로 인해 비행기가 뜨고 내릴 때 귀가 막힌 것 같은 느낌을 갖는 승객분들이 많이 있다. 아픈 것이 아니라 압력차이로 인해 기내에서 쉽게 발생하는 현상이라는 것을 말씀드리고 해당 사실을 사무장, 그리고 다른 동료들과 공유하며 해당 승객에 대한 지속적인 모니터링을 실시한다. 비행기가 갑자기 고도를 높이거나 낮출 때 비행기 내부의 기압 변화로 인해 귀가 막히고, 그 영향으로 인해 고막 안쪽 공간인 중이에 통증과 먹먹함이 발생하게 된다. 이때 발생하는 현상으로 평상시엔 없던 귀의 통증이 발생하고, 말할 때 자기 목소리가 울려서 들리고, 귀가 막힌 것 같이 답답하고, 비행기에서 내린 이후에도 귀가 먹먹한 증상과 통증이 계속 되는데 이럴 땐 입을 크게 벌리거나, 하품을 하고, 또는 껌을 씹거나 물을 마시면 이관의 압력 조절이 잘 이루어져 통증이 덜하게 된다. 특히, 영·유아나 어린이들이 비행기 이·착륙시 이런 현상으로 인해 울음을 터트리기도 하는데 이럴땐 엄마 젖을 물리거나 껌, 물, 사탕을 준비해 주는 것이 좋다.

손님이 머리가 아프시다며 약을 요청하실 때?

　기내에는 비상약을 비치하고 있지만 약을 주기 전 반드시 해당 승객이 알레르기는 없는지, 임신은 하지 않았는지와 같은 사항을 확인해야 한다. 또한, 승객에게 약을 제공한 뒤엔 반드시 그 사실을 다른 동료들과 공유를 한다. 간혹, 간단해 보이는 두통 하나가 승객의 알레르기로 인해 법정까지 가는 상황도 발생하곤 한다. 따라서 승무원은 어떤 약을 주던지 반드시 승객의 안전에 책임을 진다는 생각하에 규정에 따라서 행동해야 한다.

▲ 대한항공 안전 실습에 참여한 필자

유튜브로 알려주는
항공사 롤플레이
123문제

Part 02

비 전공자를 위한
서비스 자격증 공부

CS LEADERS/SMAT
자격증 대비

우리는 왜 고객을
공부해야 하는가?

01

고객도 다 같은 고객이 아니다 (고객의 정의)

🖼 고객은 누구인가?

고객이 없는 기업은 존재할 수 없다. 드러커(Drucker, 1954)는 고객의 중요성에 대해 이야기하며 기업이 무엇을 얼마나 생산해야 하고, 기업의 성공 여부를 결정짓는 사람은 고객이라고 강조하였고, 레빗(Levitt, 1985)은 고객의 중요성에 대해 설명하며 기업은 제품 판매에 집중할 것이 아니라 고객의 욕구 충족에 신경써야 한다고 밝혔다.

우리는 guest, customer, consumer와 같은 다양한 단어로 우리의 고객을 표현하고 있다. 표준 국어 대사전에선 고객을 "상점 따위에 물건을 사러 오는 손님" 또는 "단골로 오는 손님"이라고 정의한다.

guest는 host의 반대 개념으로 cambridge dictionary에선 집에 온

손님 또는 호텔의 투숙객, 방송의 게스트라 정의 했다.

customer는 가게나 기업으로부터 서비스나 물건을 사는 사람을 말한다(Cambridge dictionary). customer의 어원인 custom이 습관적으로 행하는 것을 의미하고 있기에 고객은 습관적으로 물건을 구매하는 사람을 의미하기도 한다. 그렇지 않고 단순히 한 번 구매를 한 사람을 우리는 구매자라고 부른다.

consumer는 물건이나 서비스를 사는 사람을 말한다(cambridge dictionary). consumer는 일반적으로 최종 소비자를 지칭하며, 중간 도매상 또는 재생산업자가 구매를 한 경우엔 사용하지 않는 용어이다.

passenger는 이동수단에 탑승해 서비스를 받는 사람을 의미한다. 하지만 최근 항공사들은 서비스를 강조한다는 의미에서 상위 클래스로 올라 갈수록 승객이라는 단어보다는 고객이라는 단어를 사용하는 편이다.

2 고객의 구분 - 직원도 고객이 될 수 있다고?

고객은 크게 외부고객과 내부고객으로 나눌 수 있다. 개념상 내부고객은 기업 내에서 일을 하는 사람을 의미하고, 외부고객은 기업이 만들어낸 제품이나 서비스를 사용하는 사람을 말한다. 더 쉽게 이야기해서 내부고객은 직원을 의미하고, 외부고객은 손님 또는 소비자를 의미한다. 어떻게 직원을 고객이라고 표현할 수 있을까? 내부고객, 즉 직원은 자기 기업의 제품이나 서비스를 손 쉽게 이용할 수 있다. 그런데 자기네 기업의 제품이나 서비스가 타사의 동일한 제품과 비교했을 때 품질이 좋지 않다면 결과적으로 자사의 제품과 서비스를 이용하지 않을 것이며, 이런 자신의 감정을 주변에 나쁘게 이야기할 수 있다. 하지만 자기네 기업의 제품이 타사보다 월등하다면 기업에서 요청하지 않아도 내부직원들 스스로 홍보를 하게 될 것이다.

여러분이 항공사에 근무 중이라고 가정하자. 여러분의 항공사는 경쟁사에 비해서 승무원 복지도 좋지 않고, 기업의 처우도 좋지 않아, 여러분은 매 비행마다 회사에 대해 동료들끼리 불평불만을 늘어놓는다. 과연 그런 상태에서 매일 보게되는 고객분들께 환하게 웃으면서 웃으면서 최고의 서비스를 전달 할 수 있을까? 고객과 항상 마주하는 접점에서 근무하고 있는 직원들은 직원 한 명 한 명이 고객과 만나는 순간 그 자체가 하나의 커다란 상품 가치를 만드는 것과 동일하다. 한 기업이 외부고객과 소통하고 지속적인 관계를 유지할 수 있게 하는 것은 각 부서의 내부고객 즉, 직원들을 적절히 교육시키고 적절한 보상과 자부심을 심어줄 수 있는 환경을 제공하는 것에서부터 시작한다. 이런 이유 때문에 기업 경영을 이야기할 때 내부마케팅은 절대 빠질수 없는 필수요건이다.

빠르게 경쟁하고 있는 현대 지식경영사회에서 신뢰는 기업 경영의 기본 중 기본이라 할 수 있다. 기업 구성원 간 신뢰가 바탕이 되지 않는다면 지식의 흐름과 공유는 제한되고 상호 협력 수준도 낮아질 수 밖에 없다. 상사가 부하직원의 신뢰를 얻기 위해선 일방적 지시가 아닌 의사소통을 바탕으로한 교감이 이루어져야 한다. 이런 환경이 조성된 상태에서야 내부고객은 진정으로 감동받고, 감동받은 내부고객은 외부고객을 더 감동시킬 수 있는 서비스를 전달할 것이다.

세계에서 가장 존경받는 기업이 될 수 있는 비결은 직원 존중(내부고객)

　1978년 미국 텍사스에서 시작된 친환경 제품을 판매하는 슈퍼마켓, 한해 매출은 약 18조 원, 직원수는 9만 여명, <포천>이 미국에서 일하기 좋은 100대 기업 리스트를 선정하기 시작한 1998년부터 지금까지도 계속 일하기 좋은 직장으로 선정이 되고있으며, 2017년 '세계에서 가장 존경받는 기업' 28위를 차지하고 있는 슈퍼마켓, 홀푸드마켓의 이름이다. 홀푸트마켓의 직원들은 자신이 속한 팀의 운영방식에 대한 책임권과 의사결정권을 지니고 있다. 직원들이 물건이 만들어지면서부터 판매 되기 전까지의 과정에 대한 결정권을 갖고 있고, 목표 달성시 받게 되는 성과급도 직원의 기여도에 따라 다르게 측정된다. 이렇게 일을 하는 팀의 선정 역시 팀원의 스스로의 투표 결정에 따라 이루어진다. 이렇게 직원들에게 주어진 자율권은 직원 모두가 자신들의 상품에 집중할 수 있는 환경을 만들었고, 그 결과는 고객 만족으로 이어지게 되었다.

　오늘도 국내 뉴스를 보면 대부분의 기업 리더들은 통제 권한은 리더만의 고유 권한이며, 제대로 기업을 운영하기 위해선 직원에게 당근과 채찍을 적절히 섞어서 동기부여를 심어줄 필요가 있다고 믿는 기업의 리더들이 많다. 또한, 일부 기업은 직원의 역량 자체를 믿지 않고, 직원과 리더가 서로 대립하는 양상을 취하고 있는 기업도 존재한다. 이런 상황에서 자율 경영을 바탕으로 직원 만족으로 고객 만족을 만들어 내는 홀푸드마켓의 정책은 나만 부럽게 생각하는 것일까? 불과 며칠 전 뉴스 지면에 나왔던 모 항공사의 리더에 대한 이야기가 갑자기 떠오르는 것은 무슨 이유 때문일까?

3 고객은 기업 생산성에 기여한다.

　고객은 기업의 생산성에 참여할 수 있다. 고객 스스로가 서비스 품질의 생산 과정에 참여하여, 상품의 생산 역량을 키워주는 형태를 갖기도 한다. 예를 들어, 대부분의 외국 LCC항공사는 고객이 직접 짐을 운반하고, 지정된 좌석이 없기에 고객이 자신의 자리를 찾아야한다. 이처럼 기업의 입장에선 노동력을 최소화 시킴으로써 비행 운임을 낮추고, 고객은 더 저렴한 운임으로 해당 항공사를 이용하게 된다. 하지만 이러한 고객의 서비스 과정에 대한 참여가 무작정 기업에 이익이 되는 것은 아니다. 고객은 인간이기에 불확실성을 갖고 있다. 기업은 생산성 과정에 참여하는 고객의 태도나 행동을 통제할 수 없고, 거기에 걸리는 시간 역시 통제할 수 없다. 예를 들어, 기내에서 머리 위의 짐칸에 가방을 넣을 때 승무원들이 고객의 짐 넣는 것을 도와준다면 10분 만에 100여 명의 고객들이 비행 출발 준비를 마칠 수 있지만, 승무원 없이 고객들이 자신의 짐을 정리하다보면 100여 명의 고객의 짐은 1시간이 지나도 비행 출발 준비가 안된 가능성도 존재한다. 따라서 일부 학자들은 고객과 서비스 시스템의 직접적인 접촉이 낮은 단계일수록 기업에 수익이 창출 된다고 주장하기도 한다.

SMAT CS LEADERS 필수이론 기업의 입장에서 바라본 고객의 종류

가망 고객	• 기업을 알고 있고, 관심이 있으며 앞으로 신규 고객이 될 가능성이 존재하는 고객 　ex) 제주항공의 인스타그램을 팔로워한 고객
기존 고객	• 최소 2회 이상 반복하여 구매 했으며, 최소한의 고객정보를 기업에 제공하여 기업 입장에서 마케팅 활동이 가능한 고객. 재구매가 이루어질 수도 있는 고객 　ex) 제주항공을 이미 이용해 본 고객
신규 고객	• 처음 기업과 거래를 시작하는 단계의 고객 　ex) 이번 주에 처음으로 제주항공을 이용하려는 고객
잠재 고객	• 기업에 대한 인지가 없거나, 인지가 있어도 관심이 없는 고객 • 구매 경험은 없지만, 앞으로 고객이 될 잠재력을 가진 고객 　ex) 여행을 좋아하는 가족을 데리고 있는 40대 남성
충성 고객	• 기업의 상품을 이용한 이후 기업을 위해 스스로 구전활동(입소문)을 하는 고객 • 기업에 대한 높은 충성심으로 기업의 제품과 서비스를 반복 구매하는 고객 • 기업과 강한 유대감을 갖고 있어 별도의 마케팅활동 없이도 구매가 이루어지는 고객 　ex) 제주항공의 리프레시 포인트(마일리지)를 모으고, 인스타그램이나 페이스북에서 제주항공과 관련된 포스팅을 올리는 고객

쉬어가는 코너

고객의 신뢰가 중요한 이유 "스타벅스의 Espresso excellence training"

　세계에서 가장 큰 다국적 커피 전문점인 스타벅스. 총 64개국에서 23,187개의 매점을 운영하고 있고, 미국 12,973개, 캐나다 1,550개, 일본 1,088개, 영국 927개, 우리나라엔 1,000 여 개의 매장을 운영하고 있다.

　1971년 시애틀에서 시작한 스타벅스는 1990년대 급속도로 발전하기 시작했다. 스타벅스의 커피는 얼마나 맛이 있을까? 2007년 미국에서 컨슈머 리포트에서 소비자 평가를 토대로 맛있는 커피를 발표하였다. 눈을 가리고 스타벅스 커피와 맥도날드 커피의 맛을 겨루어 보았는데 커피의 맛을 본 평가자 대부분이 맥도날드 커피의 손을 들어주었다. 그리고 같은 해 스타벅스의 주가는 42%나 폭락하였다. 그리고 다음 해 맥도날드는 커피전문점 맥카페(McCafe)를 소비자들에게 선보였다. 맛과 가격에서 맥도날드에게 경쟁이 될 수 없는 스타벅스가 지금까지 살아남아 현재 세계에서 가장 큰 커피 전문점이 될 수 있었던 이유는 무엇일까? 스타벅스의 브랜드 가치가 떨어지고 있던 최악의 순간 "Espresso excellence training"이라는 하나의 빅 이벤트를 통해서 스타벅스는 살아남을 수 있게 되었다. 2008년 당시 가격과 맛에서 인정을 받고 있지 못하던 스타벅스는 타 경쟁사와의 극심한 경쟁으로 인해 경영 자체에 위기를 맞게 된다. 당시 최악의 상황에서 스타벅스는 살아남기 위해서 2008년 2월 26일 17시30분부터 21시까지 3시간 30분 동안 미국 전역의 7,100개의 스타벅스 매장 문을 닫고 13만 5천여 명의 바리스타에게 에스프레소 추출방법과 고객서비스 교육을 진행하였다. 한창 바쁜 저녁때 매장 문을 닫는다는 이야기에 주주들과 경영진의 반대가 무척이나 컸지만 CEO 하워드 슐츠는 자신의 의지를 관철시켰다. 그리고 3시간 30분의 효과는 교육 다음 날부터 바로 나타나기 시작했다. 3시간 30분 동안의 교육에 대한 뉴스를 접한 고객들은 스타벅스에 대해 긍정적으로 이야기하기 시작했다. "맛이 더 좋아졌다.", "스타벅스 직원들의 직원 응대가 더 좋아진 것 같다."와 같은 말들이 스타벅스를 떠나려고 했던 고객들 사이에 다시 돌기 시작했다. 이 상황에서 볼 수 있는 것처럼 고객들의 기업에 대한 신뢰는 "객관적인 제품의 서비스나 맛"이 아닌 눈으로는 볼 수 없는 기업의 활동에 대한 고객들의 믿음에서 시작한다는 것을 잊지 말자.

SMAT
CS LEADERS

인간의 유형은 크게 4개로 구분된다 : DISC 모형

　항공사에 근무를 하다보면 정말 다양한 고객들을 만나게 된다. 특히 외국 항공사에 근무할 경우엔 국내 항공사에 근무하는 것 보다 그런 생각은 더 들게 마련이다. 너무나 다양한 특징을 가진 고객을 만날 수 있기에 항공사에 근무하는 사람들은 항상 긴장을 늦추지 말고 있어야 한다. 하지만 그런 다양한 고객과 나 사이에 존재하는 차이를 인정하지 않는다면, 우리는 고객과 갈등을 경험하게 될 것이다.

    너무나 다양한 인간의 심리와 관련된 연구가 많이 진행되었지만 그중에서도 가장 널리 사용되고 있는 연구는 콜롬비아대 말스톤(Marston,1928)교수의 DISC(Dominance, Influence, Stability&Conformity)모형이다. 말스톤 교수는 일반인을 그들의 행동 패턴에 따라 DISC의 네 가지 유형으로 나누었다. 이들 4가지 성격 중 어떤 성격이 좋고, 나쁜 것은 아니지만 다만 기업에서 인재를 채용할 때, 자기 부서에 적합한 인재를 DISC 모형을 통해 판단할 수 있다. 또한, 서비스 관점에서 고객을 만났을 때 일반적으로 DISC 유형에 맞춰 고객을 분석한 이후, 고객의 성격에 맞춰 응대해 줘야 결과적으로 고객의 만족도를 증가시킬 수 있다.

    DISC모형은 다양한 분야에서 사용되고 있기에 학자마다 사용하는 단어가 조금씩 상이하지만, 서비스 분야에서 고객을 응대하는 경우 네 가지 DISC 유형에 맞춰 고객을 응대하는 것이 좋다. DISC에 맞춰 고객을 판단하고, 고객의 성격에 맞춰 응대할 경우 고객의 만족도를 상승시킬 수 있다.

Dominant & Direct behavior(Dominance)	Inspiring & Interactive behavior(Influence)
외향적이며 목표지향적인 특징을 갖고 있다.주로 결과에 집중하고, 문제 해결능력이 뛰어나다.	외향적이며 주변 사람들과 잘 어울리는 특징을 갖고 있다. 사람들과의 소통에 집중하고, 주변을 즐겁게 하는 능력을 갖고 있다.
Cautious & Careful behavior(Conformity)	Supportive & Steady behavior(Stability)
내향적이고 목표지향적인 특징을 갖고 있다. 주로 사실과 규정에 집중하는 모습을 보인다.	내향적이고 주변 사람들과 잘 어울리는 특징을 갖고 있다. 주로 관계를 유지하는 데 능하며, 주변을 조화롭게 유지하는 것을 즐긴다.

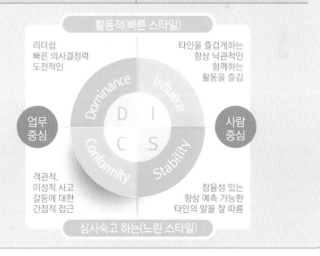

출처: Antoniou(2019), Huang(2011)의 선행연구를 수정

02
고객은
어린이와 다를 바 없다
(고객의 특징)

💡 **고객은 언제든지 떠날 수 있다.**

　우리가 고객에게 만족을 주지 못하는 순간, 고객은 언제라도 떠날 준비가 되어 있다. 고객은 우리가 최선을 다해서 노력하고, 자신들이 만족 만족 받을 때만 우리와 함께한다. 과거엔 K항공, A항공 이 두개의 항공사밖에 존재하지 않았다. 그마저도 노선에 따라서 내가 탈 수 있는 항공사는 제한적이었다. 하지만 지금은 셀수도 없이 많은 항공사가 존재한다. J항공이 맘에 들지 않으면 다음 번엔 E 항공으로 바꿔타면 그만이다.

💡 **고객은 자기 중심적으로 생각한다.**

　대부분의 고객은 아무 준비없이 매장을 방문해서 이용하는 경우가 많다. 또한 매장에 있는 모든 상품을 자신의 가치판단에 맞춰 생각한다. 예를 들어, 자신이 원하는 상품이 없는 매장을 방문하게 된다면, 고객은 그 매장은 고객을 위한 준비가 전혀 되어 있지 않은 매장으로 판단해 버리곤 한다. 이를 방지하기 위해 평상시 고객에 대해 분석하고, 매장을 이용하는 고객층을 위한 다양한 상품을 제공해야 한다. 또한, 아무리 J항공이 평상시 고객에게 즐거움을 전달하는 기내 이벤트를 잘 했다 하더라도 내가 그 항공사 비행기를 탔던 날 "즐거운 이벤트"를 경험하지 못하고 불쾌한 경험을 했다면 그 항공사는 나에게는 그저 "불쾌한 경험을 전달한 항공사"가 되어 버리고 만다.

고객은 항상 더 많은 것을 요구한다.

고객은 직원들이 항상 더 자기를 알아주고 관심을 주기를 원한다. 직원이 옆에 있는 다른 고객에게 작은 혜택을 제공했다면, 그것을 본 고객 역시 그런 혜택, 또는 더 이상을 요구하기도 한다. 기내에서 옆 좌석에 앉은 고객이 기내에서 벌어진 특정 사건으로 인해 해당 승무원으로부터 작은 기념품(초콜릿 또는 볼펜)을 받았다면 나도 당연히 받아야 한다고 생각한다. 그 사람은 받았는데, 나는 받지 못한다면 '고객은 이것을 불공평한 서비스'라고 생각한다.

🎈 고객은 항상 옳다.

리츠칼튼 호텔의 설립자 리츠(Ritz)는 "모든 고객은 항상 옳다."라고 주장했다. 고객에게 서비스를 하는 입장에선 꼭 이 말을 명심하자. 때로는 고객과의 사이에서 당황스러운 상황이 연출되기도 한다. 하지만 그 상황을 어떻게 해결하느냐에 따라 자신의 업무, 즉 고객응대의 성공이 결정된다는 것을 잊지말자. 간혹 기내에서는 안전이 최우선이기 때문에 "고객이 항상 옳다."라는 말이 틀리다고 말하는 사람도 있다. 예를 들어 고객이 기내에서 담배를 피우고 싶다고 할 때, 그 고객의 말이 옳다고 할 수 있을까? 당연히 그 고객의 말은 옳지 않다. 하지만 여러분이 진정으로 고객을 생각하는 승무원이라면 '그 고객이 담배를 피우고 싶은 생각을 멈출 수 있는 캔디나 주전부리를 미리 준비해 줄 수 있는 센스있는 승무원'이 되는 것이 중요하다.

🎈 고객은 우리에게 월급을 준다.

서비스업에 종사해오며 나도 가끔은 그 날 만났던 손님에 대해 오늘은 "좋은 손님", 어제는 "나쁜 손님"이라는 평가를 내린 적이 있었다. 하지만 내가 불평을 했던 그런 "나쁜 손님"이라도 우리 회사를 오지 않는다면 우리 회사는 어떻게 될까? 우리에게 월급을 주는 사람은 CEO가 아니라 고객이라는 것을 명심하자. 예를 들어 19년 발생한 우리나라와 일본의 상황처럼 특정 노선을 탑승하는 고객이 사라지게 되면 항공사는 해당 노선을 서서히 축소 하게 되고, 결국에 그 노선은 없어지게 된다. 이런 상황은 결국 항공사의 실적 악화로 연결되고, 항공사의 직원 채용 문제로 연결되게 된다.

나는 환영 받아야 한다	어느 곳에서든지 나는 환영받는 사람이어야 한다. 이와 관련해서 대부분의 서비스 업체는 매장을 찾은 고객의 즉각적인 응대와 관련한 지침을 갖고 있다. 필자가 패밀리 레스토랑에서 아르바이트를 하던 시절엔 '매장에 고객이 들어서면 3분 안에 테이블로 다가가 고객에게 자신의 소개를 하고, 우리 매장을 찾아준 것을 환영한다.'라는 규정이 있었다.
나는 남들 보다 우월하다	대부분의 고객들은 자신은 직원보다 뛰어나다는 심리를 갖고 있다. 간혹 고객의 컴플레인이 발생했을 때 "아 그건 고객분이 모르시고 말씀하시는 것 같은데요"와 같은 발언을 하는 것은 고객의 자존심을 건드릴 수 있으니 조심해야 한다.
서비스는 나만을 위해야 한다	모든 고객들은 제공되는 서비스를 독점하고 싶어한다. 다른 사람은 받지 못한 특별한 서비스를 받았다고 느껴질 경우에 고객들은 더 만족하게 된다. 식사 서비스를 제공하며 고객에게 "스카프가 참 잘 어울리시네요."라는 말 한마디에, 고객은 직원이 당신에게만 특별한 서비스를 제공한다고 느끼게 된다.
옆 사람의 모습을 따라한다	monkey see, monkey do. 라는 표현이 이 심리 상태를 나타내는 가장 적절한 표현이라 생각한다. 고객뿐 아니라 모든 사람은 대부분의 상황에서 주변 사람을 따라하려는 습관이 있다. 그런 이유 탓에 기내에서 한 명의 고객이 비행기가 늦게 출발하는 것에 대해 불평을 하기 시작하면, 옆 고객도 따라서 불평을 하고, 비행기가 늦더라도 옆 사람이 아무 말도 안하고 있으면 보통은 가만히 있는 것이 일반적인 고객의 기본적인 심리이다.
당연히 내 위주로 생각한다	모든 고객은 항상 자신의 입장에서만 생각하려는 모습을 보인다. 앞 좌석에 앉은 고객이 의자를 너무 뒤로 제친다고 화를 내고 있는 뒷좌석 고객과 이야기를 하면서 '참을성 없는 고객이네.'라고 생각하지 말자. 여러분이 만약 자리가 좁은 뒷자리에 앉아있다고 생각해보자. 분명히 여러분도 화가 날만한 상황일 것이다.
나는 중요한 사람이다	모든 사람은 자신이 중요한 사람이라 생각한다. 혹시라도 고객이 누른 콜벨의 응답이 늦을 경우 '아니 왜, 내가 누른 콜벨을 무시하지.'라는 느낌을 줄 수 있다. 모든 고객은 우리 항공사에 소중한 사람이라는 것을 명심하고, 행동할 수 있도록 하자.
내가 지불한만큼 가치를 얻고 싶다	모든 고객들은 자신이 지불한 것 만큼의 서비스를 받고자 한다. 혹시나 고객이 잠들어 식사 서비스를 못한 고객이 있다면 그 고객은 자신이 지불한 것 만큼의 서비스를 받지 못한 것이기 때문에 화가 날 수 있다. 따라서 승무원들은 모든 고객들이 공정하게 대우 받고 있다는 느낌이 들게 서비스해야 한다.

다양화	고객이 선택할 수 있는 사항이 많아짐과 동시에 고객의 유형이 다양해지고 있다.
고급화	너무나 많은 상품과 서비스가 제공되고 있기에 고객은 기왕이면 가장 좋은 상품과 서비스를 선택하려고 한다. 예를 들어 똑같은 저비용 항공사라 하더라도 개인 모니터가 없는 대부분의 저비용항공사와 달리 A 항공사는 좌석에 기내 AVOD(Audio Video On Demand)시스템을 갖춤으로써 고객들에게 더욱 어필하려고 하는 것도 이에 해당한다고 볼 수 있다.
개인화	맞춤형, 차별화 서비스의 등장과 함께 고객은 특별한 존재로 인식 되기를 원하는 경향이 생기고 있다.

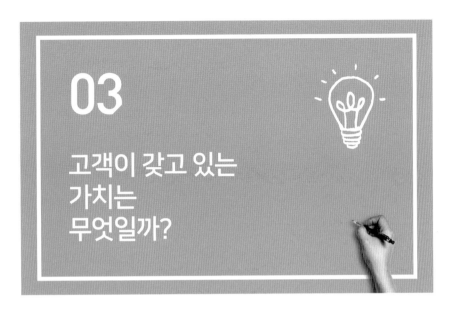

03

고객이 갖고 있는 가치는 무엇일까?

고객의 가치를 수치적으로 정확히 나타낼 수는 없지만, 어느 정도의 추정은 가능하다. 고객가치 추정법으로 고객의 가치를 추정해보자(이준재·허윤정, 2015).

A 항공사를 이용해 인천에서 오사카로 출장을 떠나는 K는 티켓값 30만원을 지불했다. 그는 한 달에 3번씩 해외 출장으로 인해 A 항공사를 이용하는 단골 고객 중 한명이다. 하지만 그날 따라 바쁘게 점심 식사 서비스를 제공하던 승무원은 K의 식사 서비스를 제대로 제공하지 못했고, 추후 K에게 사과도 없이 비행을 마치게 된다. 한 달에 3번씩 A 항공사를 이용하던 K는 그날 이후로 A 항공사를 이용하지 않기로 한다.

실제 서비스를 하는 현장에서는 절대로 직원은 고객을 돈으로 생각하지 않지만, 여기서는 여러분의 이해를 돕기 위해 가상의 상황을 설정해

보았다. 그 결과 한달에 3번 출장을 가는 K는 A항공사를 더 이상 이용하지 않게 되었고, 30만원의 가치에 해당했던 고객 K는 한달이면 90만원(30만원×3), 1년이면 1080만원(90만원×12개월)의 가치에 해당하게 된다. 결국 A 항공사는 1명의 승무원이 제공한 잘못된 서비스로 인해 1년에 1,080만원의 가치를 손해본 것이다.

우리는 한 번의 좋은 서비스로 단골 고객을 만들 수 있다는 것을 알고 있다. 이런 사실을 A 항공사의 승무원이 미리 알고 있었다면 상황은 어떻게 달라졌을까? 하지만 이처럼 고객의 가치를 수치로 계산한다는 것 역시 인간이라는 고객의 특수성을 잘 파악하지 못한 결과라 말할 수 있다.

[AIDA 모델]

AIDA 모델은 공급이 소비보다 많던 시기에 만들어진 의사결정 모형으로 지금은 더 이상 적용되지 않는 경우가 많다. 시간이 흐르면서 확장된 AIDA 모델 또는 AIDMA, AISAS와 같은 다른 모형들이 등장하고 있다.

주의 Attention	첫 단계로 고객의 주의를 끄는 단계
관심 Interest	이 단계에선 고객이 제품의 장·단점을 인식하게 됨
욕구 Desire	광고와 같은 여러 활동을 통해 고객은 구매 욕구를 불러 일으키게 됨
행동 Action	구매 욕구를 실제 행동으로 옮기는 단계

AIDA모델 관점에서 여행을 생각하고 있는 고객이라면 이 광고가 눈에 들어올 것이다(Attention). 그리고 자주 광고를 보다보면 관심과 욕망(Interest&Desire)이 생기게 될 것이고, 어느 순간 잡지에 적힌 전화번호로 문의(Action)하는 고객이 나올 것이다.

[AIDMA 모델]

그 이후 광고 업계엔 AIDMA 모델이 등장했다. 광고를 통해 브랜드를 노출할 경우, 바로 당장 구매가 일어나지 않더라도, 소비자의 기억에 저장된 정보가 추후 구매라는 행동으로 이루어짐을 설명하고 있다.

주의 Attention	첫 단계로 고객의 주의를 끄는 단계
관심 Interest	이 단계에선 고객이 제품의 장·단점을 인식하게 됨
욕구 Desire	광고와 같은 여러 활동을 통해 고객은 구매 욕구를 불러 일으키게 됨
기억 Memory	욕구를 간직한채 고객은 제품에 대한 기억을 통해 구매의사를 결정하게 됨
행동 Action	구매 욕구를 실제 행동으로 옮기는 단계

AIDMA 모형으로 생각해보면 여행에 관심있는 고객에겐 특정 광고가 눈에 띌 것이고(Attention), 관심(Interest)과 구매 욕구(Desire)가 생기게 될 것이고, 이 광고가 기억(Memory)될 것이다. 그리고 나중에 진짜 여행을 가게 될 때 이 광고를 떠올리며 여행사나 항공사에 전화(Action)를 하게 될 것이다.

[AISAS 모델]

스마트폰과 SNS를 자유롭게 사용하는 현 시점에서 AISAS 모델이 대세이다.

주의 Attention	인스타그램에서 마음에 드는 항공사의 프로모션 광고를 보게 됨
관심 Interest	그 광고를 통해 해당 상품이 갖고 있는 장. 단점을 파악함
검색 Search	자신의 스마트폰으로 해당 상품과 타 항공사의 티켓을 비교함
행동 Action	자신의 스마트폰으로 해당 상품을 구매함
공유 Share	구매한 이후 제품에 대한 평가를 SNS를 통해 후기를 남기거나 공유함

가장 최신 모델인 AISAS 모델에 맞춰 생각을 해보면 일단 여행을 생각하고 있는 고객의 눈에 특정 광고가 들어오게 되면(Attention), 관심이 생기고(Interest) 그 뒤에 손에 있는 스마트폰으로 검색(Search)을 하게 될 것이다. 그런 다음 고객은 우리 상품을 구매하게 될 것(Action)이고, 그런 다음 SNS를 통해 자신의 후기를 친구들과 나누게(Share)될 것이다. 이처럼 시간이 흐름과 함께 고객의 구매 결정 과정은 계속해서 변화하고 있다.

유튜브로 알려주는
항공사 롤플레이
123문제

Chapter

4

서비스 없는 일상을
생각해본 적이 있는가?

01

서비스란
무엇인가?

표준 국어 대사전에선 서비스를 다음과 같이 정의했다.

① 생산된 재화를 운반·배급하거나 필요한 노무를 제공
② 개인적으로 남을 위하여 돕거나 시중을 듦
③ 장사에서 값을 깎아 주거나 덤을 붙여 줌

Service의 어원은 고대 라틴어의 노예를 의미하는 servus에서 노예상태를 의미하는 servitum으로 발전한 단어와 옛 프랑스어의 servise(공공에 대한 봉사)가 결합하여 봉사하는 행위 자체를 의미하는 service가 탄생하게 되었다(Online etymology dictionary, 2019).

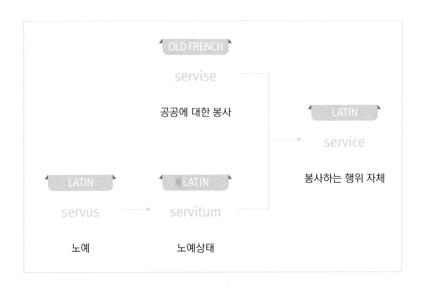

학문적으로는 다양한 학자들이 서비스에 대한 정의를 조금씩 다르게 내려왔지만 서비스는 크게 경제학적 관점과 경영학적 관점에서 그 차이를 볼 수 있다. 경제학상 서비스라는 용어는 용역으로 받아들여 유형재인 재화와 다르게 구분 지었다. 스미스(Smith, 1776)는 부를 창출할 수 없는 서비스는 비생산적인 활동이라고 말했으며, 이는 보존을 할 수 없는 서비스만의 특성에서 기인한다고 주장했다. 그에 반해 세이(Say, 1820)는 효용의 개념을 사용하여 소비자에게 효용을 전달하는 모든 활동은 생산적일 수 있기에 서비스는 비물질적인 부라고 정의했다(이유재, 2013). 이처럼 서비스와 관련해 다양한 학자들의 견해가 존재하지만 일반적으로 서비스는 비생산적인 노동이며 비물질적인 재화라 정의한다(이유재, 2013).

하지만 경영학상 관점에서 미국 마케팅 학회(American Marketing Association)는 서비스를 "Activities, benefits and satisfactions which are offered for sale or are provided in connection with the sale of goods."(상

품 판매 또는 상품 판매의 관계를 형성하기 위해 제공되는 활동, 이익 또는 만족)이라 정의 했다. 라스멜 (Rathmell, 1966)은 제품과 비교하여 시장에서 판매되고 있는 무형의 상품 그 자체를 서비스라 정의했고, 이는 손으로 만질 수 있느냐 없느냐에 따라 무형과 유형의 서비스로 나누었으며, 스탠톤(Stanton, 1974)은 소비자나 산업 구매자에게 판매가 될 경우 욕구를 충족시키는 무형의 활동이며, 제품 이나 다른 서비스의 판매와 연계되지 않고도 개별적으로 확인이 가능한 것을 서비스라 정의 했다.

▲ 상위클래스에서 제공되는 서비스

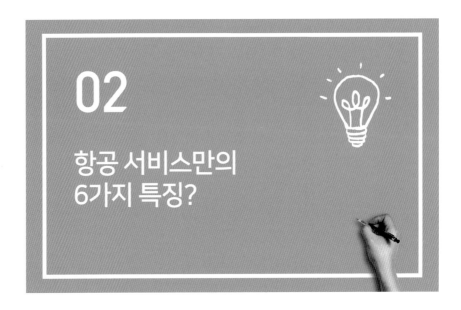

02 항공 서비스만의 6가지 특징?

기본적으로 항공서비스는 무형성, 소멸성, 이질성, 생산과 소비의 동시성이라는 네 가지 특징을 갖고 있지만 그 밖에도 수많은 학자들은 항공서비스의 다양한 특징을 밝혔다. 이번 장에선 항공서비스의 네 가지 특징과 그 이외의 항공서비스에서 나타나는 특징을 확인해 보겠다.

1 눈에는 보이지 않는 항공서비스 (무형성)

서비스의 무형성은 서비스는 형태가 없기에 볼 수 없고, 들을 수 없고, 만질 수 없고, 느낄 수 없고, 냄새 맡을 수 없음을 의미한다(이유재, 2013). 이는 서비스에 있어 가장 중요한 요인으로 손꼽을 수 있다. 서비스는 이러한 무형적 속성으로 인해 제품과 서비스를 구분하는데 가장 중요한 요인으로, 이를 통해 제품인지, 서비스인지를 결정할 수 있다. 즉, 제품은 눈에 보이는 물건이며, 서비스는 눈에 보이지 않는 아이디어 혹은 개념이라 말할 수 있다. 이처럼 서비스는 소유할 수 없고 단순히 경험할 수 밖에 없기 때문에 서비스의 무형성은 승객에게 불확실성을 줄 수 있다. 예를 들어 백화점에서 고객이 어떤 제품을 구매하려 한다면 그 고객은 구매 전 그 제품을 만져보고, 테스트 해 볼 수 있지만 서비스는 미리 만져보거나 테스트 해볼수 없다. 이런 무형성을 극복하기 위해 정부에서는 자격증과 같은 도구를 통해 일정 수준의 서비스의 성과를 보장하는 시스템을 갖추고 있다. 예를 들어 비행기에 탑승하는 객실승무원과 파일럿은 안전한 비행이라는 서비스를 제공하기 위해 나라에서 정한 안전 관련 자격을 갖춘 승무원만이 안전비행이라는 서비스를 전달할 수 있다.

이처럼 추상적이고, 비탐색적(구매 전에 검증하기 어려운 특성), 심리적 무형성을 갖춘 서비스는 승객에게 혼란을 줄 수 있다. 따라서 기업들은 물리적 근거(Physical evidence)를 통해 고객들이 느낄수 있는 서비스의 무형성을 최소화 시키기 위해 노력한다. 예를 들어 호텔을 방문하였을 때 화장실의 변기 위에 "살균처리"라는 표시를 본적이 있을 것이다. 이는 해당 호텔에서 고객들에게 화장실의 청결함이라는 눈에 보이지 않는 서비스를 "청결함"이라는 물리적 근거를 사용해 고객들에게 보여주고 있는 것이다. 또한, 호텔을 방문하였을 때 객실내 위치한 TV에서 본인의 이름이 써진 것을 본적이 있을 것이다. 이 역시 환영이라는 눈에 보이지 않는 서비스를 TV라는 물리적 근거를 통해 고객에게 제공하는 것이며, 깨끗이 관리되고 있는 객실이라는 서비스를 전달하기 위해 하우스키핑을 끝낸 후 객실

▲ 호텔에서 제공중인 물리적 근거

문에 스티커(seal)를 붙여, 체크인 하기 전까지 다른 손님이 들어오는 것을
막는 것도 서비스의 무형성을 극복하기 위한 노력으로 볼 수 있다.

2 오늘 판매되지 못한 좌석은 영원히 판매될 수 없다(소멸성)

서비스는 저장이 불가능하다(이유재, 2013). 이를 서비스의 소멸성 또는 비
저장성이라 부른다. 비행기에 빈 좌석 또는 호텔의 빈 객실은 그날 판매
되지 못하면 사라지게 된다. 예를 들어 승객이 100명 탑승하는 항공사의
비행기가 있다고 가정해 보자. 해당 비행기가 하루에 2번 비행을 한다고
할 때, 그 비행기로 1년간 100×2×365명의 승객을 탑승 시킬 수 있다. 하

지만 갑작스런 경기 불황으로 6개월 동안 100개의 좌석 중 50개의 좌석만 판매되었다고 가정해 보자. 6개월 동안 판매되지 못한 50개의 좌석은 앞으로도 영원히 판매되지 못한다. 동네에서 작은 마트를 운영하고 있는 사장님이 생수 공장에서 1,000개의 음료수를 가지고 왔다면 오늘 판매를 못한다 할지라도 남은 음료는 내일 또는 모레에 판매가 가능하다. 하지만 항공기의 좌석은 소멸성을 갖고 있기에 오늘 판매가 되지 못하면 영원히 판매될 수 없다.

이러한 소멸성을 줄이고자 기업에서는 사전 예약제, 가격 인센티브제, 상용승객 프로그램과 같은 활동을 벌이고 있다. 사전 예약을 통해 항공사에서는 어느 정도 고객의 수를 예측하려고 하며, 비수기엔 땡처리 항공권과 같은 가격 인센티브제를 통해 승객을 모집하고 있다. 또한, 해당 항공사를 주로 이용하는 단골고객, 즉 상용고객 프로그램을 활용하여 서비스의 소멸성을 최소화 시키기 위해 노력하고 있다.

이러한 사전 예약제는 고객들에게는 굉장히 큰 혜택이 될 수 있다. 평상시 인천에서 두바이까지 가는 이코노미 클래스의 티켓은 150여만원, 비싸게 구매하면 200만원도 넘지만 특정 기간(보통 년 초) 항공사의 프로모션을 통해 최저가 57만원에 티켓을 구매할 수도 있다.

알고 가기 서비스 업계의 골치거리인 적절한 재고관리

기업의 수익성 극대화를 위해 재고 관리(Inventory management)는 필수요소이다. 과거와 달리 현재는 Skyscanner.com, Orbitz.com과 같은 다양한 인터넷 사이트를 통해 비행기의 재고 좌석을 관리하는데 어느 정도 도움이 되고 있지만 이는 완전히는 해결될 수 없는 서비스 업계의 영원한 골칫거리이다.

3 오늘 만났던 승무원은 영원히 만날 수 없다(이질성)

서비스의 이질성은 서비스가 표준화되기 어렵다는 것을 의미한다(이유재, 2013). 작년과 똑같은 항공사의 비행기를 탑승하고 작년에 갔던 목적지를 여행하더라도 분명히 그 비행의 승무원은 다를 것이며, 혹시나 동일한 승무원을 만났다 할지라도 그 승무원이 제공하는 서비스는 작년에 받았던 서비스와 똑같을 수 없다. 이질적 서비스는 서로 다른 서비스 종사자가 똑같을 수 없는 서비스를 제공하며, 제공 받는 고객 역시 달라질 수밖에 없다는 것을 의미한다. 즉, 이는 모든 상황에서의 다양성을 의미한다. 인적 판매라는 특이성으로 인해 서비스는 표준화 자체가 어려우며, 표준화 할 수 있다 할지라도 그것을 받는 승객에 따라 달라지게 된다. 항공 서비스의 이질성을 예로 들어보자. 동일한 전공을 공부하고, 같은 시기, 동일한 교관으로부터 교육을 받은 승무원 A와 B는 동일한 비행에 객실승무원으로 투입되었다. 하지만 이 두 사람이 승객에게 제공하는 서비스는 결코 같을 수 없다. 심지어는 A 승무원 한 명이 승객 개개인에게 제공하는 서비스 역시 동일할 수 없다. 이는 서비스의 품질이 특정인의 컨디션, 주고 받는 사람의 태도와 기분에 의해 달라질 수 있기 때문이다.

이러한 이질성을 최소화시키기 위해 대부분의 기업들은 서비스 표준화(Service Standardization)를 실시한다. 이는 Standard Operation Procedure 라고도 불리우며, 모든 작업의 단계를 표준화하는 것을 의미한다(Wiki, 2019). 이는 세분화 시킨 승객의 특성에 맞는 서비스를 개발하여 승객과 만나는 현장에 이를 적용시키는 것이다. 예를 들어, Q항공은 비행 중

매 30분마다 이코노미 클래스를 승무원들이 돌아다니며 승객에게 필요한 것은 없는지 확인하고, 음료와 스낵을 제공하고, 어린이 승객이 탑승한 경우엔 성인 승객보다 어린이 승객을 위한 식사를 먼저 준비해 준다. 또한, 비즈니스 클래스 승객이 탑승 했을 땐 승객이 자리에 앉은 뒤 2분 안에 승무원이 비즈니스 클래스 승객에게 다가가서 승무원은 인사를 하고 해당 승객이 원하는 음료를 주문 받는 것과 같은 서비스를 실시하고 있다. 이처럼 이질성이라는 특징을 갖고 있음에도, 기업들은 최대한의 서비스 표준화를 이뤄 고객들에게 동일한 수준의 서비스를 제공하기 위해 노력하고 있다.

또한 표적시장 선택과 같은 다양한 고객 세분화 정책을 통해 기업은 고객의 이질성을 최소화 시키려고 노력한다. 앞서 예를 들었던 서비스 표준화는 서비스를 제공하는 직원의 이질성을 최소화 시키기 위한 기업 측의 노력이다.

매뉴얼대로 서비스가 진행되지 않는 이유

항공사나 호텔과 같은 서비스를 제공하는 업체들은 매뉴얼을 통해 표준화된 서비스를 제공한다. 그럼에도 불구하고 실제 고객을 만난 현장에서는 매뉴얼에 따른 서비스가 진행되지 않는다. 그 이유는 서비스를 받고 한 명, 한 명의 각기 다른 특성을 가진 인간이기 때문이다. 평범한 대부분의 고객을 대하는 것은 매뉴얼을 토대로 접근해도 문제가 발생하지 않지만, 실제 문제가 발생하는 상황은 평범하지 못한 고객을 만날 때이다.

이번 쉬어가는 코너에서는 기내에서 만날 수 있는 기억에 남을 수 밖에 없는(?) 고객들의 유형에 대해 살펴보도록 하겠다.

항상 과장하고, 오버하거나 없는 말을 지어내는 승객

"내가 3시간도 넘게 기다렸는데", "다른 항공사는 다 되는데 왜 여기만 안된다고 하냐?"등 없는 사실을 부풀려 말하는 타입의 승객들이 있다. 이들을 대할 때에는 대화를 통해 일단 승객이 원하는 바를 파악한다. 또한, 승객에게 설명을 해야할 상황에서는 단순히 말보다

▲ 보딩패스

는 눈으로 볼 수 있는 자료를 이용하는 것이 좋다. 예를 들어서 특별 주문식 메뉴인 FPML(Fruit platter meal)을 실제 주문하지 않고서도 "주문했는데 기내에 실리지 않았다."고 불만을 토로하는 승객에게는 말로 승객을 설득시키려고 할 것이 아니라 승객의 보딩티켓(Boarding ticket)을 확인시켜 주는 것이 좋다(실제 주문을 했다면 보딩티켓에 FPML을 주문했다고 나와 있음).

흥분한 채로 이야기하는 승객

흥분한 승객은 이성이 아닌 감성이 앞서는 사람이다. 이런 부류의 승객은 "해결책은 자신이 제안하는 방법밖에 없다."고 믿으며, 승무원이 하는 이야기를 중간에 자르며, 남의 이야기를 듣지 않는 성향을 가진 승객으로, 이런 성향을 가진 승객과 이야기할 때는 같이 화를 내는 경우가 생기지 않도록 주의해야 한다. 이런 승객은 승무원에게 화를 내고 있는 것이 아닌 회사에 항의를 하고 있는 것이다. 따라서 계속해서 이야기 하는 승객의 이야기를 들어주며 승객의 흥분이 가라앉는 것을 기다리자. 간혹 이런 상황을 무마하기 위해 승무원이 웃음을 짓는 경우가 있는데, 너무 환한 웃음은 승객이 오해를 할 수 도 있다는 것을 명심하자.

4 항공서비스는 생산됨과 동시에 사라진다(생산과 소비의 동시성)

　서비스는 제공되는 순간이 생산되는 순간이며, 소비되는 순간이다(이유재, 2013). 즉, 서비스는 생산을 함과 동시에 소비되어야 하기에 저장이 불가능하다. 이는 서비스의 판매자와 구매자가 동시에 공존해야 하고, 그 둘이 만날 때만 생산과 소비가 이루어질 수 있음을 의미한다. 이러한 성격 때문에 기존의 제품을 재고로 쌓아놓

▲ 무인 커피 머신

은 전통적 방식의 제조 산업과 서비스 산업은 차별화 될 수 밖에 없다.

　하지만 최근 들어 기술이 발달하며 기존의 생산과 소비의 동시성에 큰 변화가 생겼다. 무인 상점, 셀프 주유소, 무인 호텔 체크인·아웃 시스템과 같은 셀프서비스 기술이 등장하여 기존의 서비스의 특징에 변화를 주고 있다. 앞으로는 이러한 현상이 가속화 될 것은 불보듯 뻔한 일이지만 기계가 넘어올 수 없는 서비스의 영역이 존재하기에 생산과 소비의 동시성이라는 서비스의 특징은 계속해서 남아 있을 것이다.

5 | 서비스 프로세스에 참여하는 고객_(참여성)

고객이 서비스 진행 과정에 참여를 하는 상황이 발생하기에 기업은 서비스 시설에 많은 신경을 써야 한다. 이런 특징은 과거의 생산운영 시스템에는 발생하지 않는 현상이었다. 예를 들어 시끄럽고 더러운 공장에서 구두를 만든다 할지라도, 그 구두를 받는 고객의 입장에선 공장의 청결함이 그리 중요한 사항이 아니었다. 하지만 현재 서비스는 그 과정상 고객을 포함하고 있다. 예를 들어 깨끗이 정리된 비행기 화장실과 그렇지 못한 비행기 화장실을 사용하는 승객의 기분을 생각해 보자. 똑같이 이동이라는 서비스가 제공되지만 화장실의 정리정돈 상태에 따라서 승객이 느끼게 되는 감정이 전혀 달라지게 된다. 이처럼 승객의 경험, 지식과 같은 사항들은 서비스 프로세스상에서 승객을 참여시킴으로써 승객 만족도에 영향을 미친다.

6 | 비행기 좌석은 늘릴 수 없다_(제한성)

서비스업이 제조업과 다른 특징 가운데 하나는 공급의 규모가 고정되어 바뀔 수 없다는 것이다. 비행기 좌석, 레스토랑의 테이블, 호텔의 객실처럼 수용량이 정해져 있다. 비수기, 성수기별 수용량의 변동이 심한 서비스업에 있어 이것은 큰 의미를 가진다. 즉 예상되는 시기에 맞춰 수요를 적절히 조정해야 한다는 것이다.

이를 위해 기업에선 예약 관리 시스템을 활용한다. 실례로 대부분의 항공사는 예약을 해 놓고 실제 비행기에 탑승하지 않은 No show 승객을 방지하기 위해 15~20% 정도의 초과 예약을 받고 있다. 예약은 항상 No show 승객이 있기에 항공사는 그룹별, 승객별 과거의 No show 비율에 대한 조사를 통해 그 수치를 예측한다. 또한, 인력 재배치를 통해 고정된 수용 규모의 한계를 넘어서고자 한다. 제한된 수용 규모와 변동을 예측할 수 없는 서비스업에서 인력 및 공간 관리는 반드시 해결해야 할 문제점 중 하나이다. 이를 위해 대부분의 항공사들은 여행 수요에 맞춰 각 직무별 순환을 실시하고 있다. 예를 들어, 직원들의 지원을 받아 객실승무원과 공항 라운지 직원간에 직무 순환을 통해 남아도는 인원을 적절히 배치시켜가며 사용하고 있다.

고정된 수용 규모는 결과적으로 승객에게 웨이팅(Waiting)이라는 불편함을 가져다주게 된다. 항공기의 체크인·아웃 수속기간의 웨이팅, 호텔의 체크인·아웃 웨이팅, 대중교통 사용시 웨이팅, 레스토랑에서의 웨이팅 등 고객의 웨이팅 시간을 줄여줄수록 고객은 해당 서비스에 대해서 만족을 하게 된다. 고객의 심리적 대기가 길어질때 고객의 불평 사례가 많이 등장한다(Maister, 1947).

다음은 고객이 불평을 하게 되는 웨이팅의 순간이다.
- 혼자서 기다릴 때
- 자신이 받을 서비스의 가치가 적을 때
- 대기 중 아무 일도 하지 않을 때
- 주문하지 않고 대기할 때
- 언제 서비스를 받을지 모를 때
- 근심에 휩싸여 있을 때
- 서비스가 지체되는 원인을 모를 때
- 불공정한 일이 발생될 때

제주항공, 게이트 노쇼 승객에 위약금 폭탄 동참

　　저비용항공사(LCC) 제주항공이 탑승 수속을 밟고 출국장에 나간 뒤 실제 비행기에 탑승하지 않는 승객에게 '비싼' 수수료를 물린다. 이 달 초 해당 수수료를 대폭 강화한 대한항공과 아시아나항공에 이어 세 번째다. 항공업계에 따르면, 제주항공은 최근 탑승 수속 후 탑승을 하지 않는 '게이트 노쇼(Gate No-Show)' 승객에게 예약부도위약금 24만원(한국 출발 기준)을 부과하기로 결정, 홈페이지를 통해 공지했다. 또한 항공권을 구입한 후 탑승 수속 마감 전까지 취소를 통보하지 않고 공항에 나타나지 않는 '카운터 노쇼(Counter No-Show)' 승객에겐 위약금 12만원을 부과한다. 적용 시점은 발권일 기준 2월1일부터다. 특히 이번 노쇼 위약금은 기존 환불 위약금과는 별도로 적용된다. 그동안 제주항공은 노쇼 관련 규정을 별도로 두지 않은 채 취소 시점이나 운임 종류에 따라 환불 위약금을 차등 부과해왔다. 출발 당일 취소시 최대 12만원(왕복 기준)의 환불 수수료를 물리고, 항공기 출발 이후 취소시 별도로 10만원을 추가 적용하는 방식이다. 따라서 다음달 1일 이후 발권한 승객은 출국장에 들어간 후 항공기 출발 전 티켓을 취소한다면 최대 36만원을 위약금으로 내야 한다. 기존 환불 위약금 12만원(당일 취소 기준)에 게이트 노쇼 위약금 24만원이 추가되기 때문이다. 이에 대해 제주항공 관계자는 "탑승 수속 후 항공기에 탑승하지 않는 '자발적 미탑승'을 방지하고 그로 인한 지연 등 다른 승객들의 피해를 줄이기 위해 위약금 제도를 강화했다."고 설명했다. 항공업계는 제주항공이 노쇼 패널티를 대폭 강화한 이유가 대한항공이나 아시아나항공과 마찬가지로 일부 아이돌 팬들의 '지나친 스타 사랑' 때문이라고 보고 있다. 좋아하는 연예인을 가까이에서 보기 위해 출국장까지 따라 들어갔다가 항공권을 취소하고 되돌아 나오는 팬들이 많아서다. 이 경우 항공사 입장에선 손해가 이만저만이 아니다. 출발 직전 취소로 해당 좌석을 비운 채 갈 수 밖에 없는데다 항공기 정시 운항에도 장애물로 작용하기 때문이다. 또한 취소 승객이 출입국심사대 등을 되돌아 나오는 과정에 항공사 직원이 동행해야 해 추가적인 인력도 소모된다. 대한항공과 아시아나항공은 이달 초부터 수속 후 비행기에 탑승하지 않는 승객에게 각각 최대 32만원, 30만원의 수수료를 부과하고 있다. 아직 해당 제도를 도입한지 한 달도 채 되지 않았지만 공항 현장에서는 벌써부터 '효과'가 감지된다는 목소리가 들린다. 한 항공업계 관계자는 "대한항공과 아시아나항공이 노쇼 수수료를 크게 올린 이후 연예인 팬들이 항공권을 당일 취소하는 사례가 크게 줄었다고 한다."며 "도입한지 얼마 되지 않아 좀 더 두고 봐야겠지만 위약금을 올린 효과가 있다는 게 현장 분위기"라고 귀띔했다. LCC업계에서는 '맏형'격인 제주항공이 이번에 노쇼 수수료를 대폭 강화한 만큼, 향후 LCC 전반으로 이러한 분위기가 확산될 거란 전망도 나온다.

출처 : Newspim(2019)

03

항공서비스에 대해
알아보자

1 항공서비스의 대분류

　항공서비스는 크게 서비스의 대상에 따라 여객서비스(Passenger flight) / 화물(Cargo flight) 서비스, 또는 서비스 모델에 따라 FSC(Full Service Carrier)/LCC(Low Cost Carrier) 그리고 마지막으로 운항 형태에 따라 정기항공서비스(Scheduled flight) / 부정기(Chartered flight)항공서비스로 나눌수 있다.

구분	명칭	설명	사례
서비스 대상	여객서비스	승객을 실어 나르는 대부분의 항공 서비스	대한항공
	화물서비스	사람이 아닌 물건이나 짐을 나르는 서비스	대한항공
사업 모델	FSC (full service carrier)	모든 서비스를 제공	대한항공
	LCC (low cost carrier)	간단하고 제한적인 서비스를 제공	제주항공
운항 유형	정기 항공운송	국내선. 국제선등의 일정한 노선을 정해진 운항 계획에 따라 운항하는 서비스	대부분의 비행
	부정기 항공운송	국내 및 국제 정기편 운항 외의 항공기 운항	전세기 특별기

여객서비스는 보통의 대부분의 항공서비스를 이야기한다. 관광, 비즈니스, 친·인척 방문까지 다양한 목적의 여객서비스가 존재한다. 그에 반해 화물서비스는 영리를 목적으로 제품을 운송하는 사업 활동을 의미한다. 흔히 우리가 알고 있는 Fedex는 화물서비스를 담당하는 기업이며, 대한항공과 같은 항공사는 여객서비스와 화물서비스를 모두 담당하고 있다. 사업 모델에 따라 기내에서 모든 서비스를 제공하는 FSC와 저비용이라는 효율을 추구하며 가장 기본적인 서비스만 제공하는 LCC가 있다. ICAO의 구분에 따르면 LCC는 기내 서비스를 최소화 하거나, 보유 항공기의 기종을 단일화하는 등 유지 관리비를 최소화시킴으로써 효율성과 낮은 비용을 바탕으로 운항하는 항공사를 의미하며 국내에는 제주항공, 에어부산, 티웨이 항공과 같은 항공사들이 존재하고 있다. 이처럼 LCC 역시 대기업 소유의 LCC(진에어), 자체 태어난 LCC(티웨이항공)로 나눌 수 있다.

LCC를 제외한 기존에 있던 나머지 항공사는 전부 FSC로 볼 수 있는데(대한항공, 아시아나항공) 대한민국 항공시장은 크게 단거리는 LCC 항공사가, 중 장거리는 FSC 항공사가 나눠서 운영하는 측면을 보이고 있다.

운항 유형에 따라 정기 항공운송과 부정기 항공운송으로 나눌 수 있다. 부정기 항공운송은 정해진 스케줄 없이 필요에 따라 운행이 결정되며 전세기 또는 특별기라는 이름으로 종종 운항되기도 한다. 월드컵이나 올림픽과 같은 큰 스포츠 행사가 있을 때 선수들을 위해 간혹 전세기가 운항되기도 한다. 그에 반해 정기 항공운송은 현행 항공사업법 제2조, 제9호에서 정한 국내공항과 국내공항 사이의 일정 노선을 정기적인 운항 계획에 따라 운항하는 항공편 또는 국외공항과 국외공항을 일정 계획에 따라 운항하는 노선을 의미한다. 일반적으로 항공사가 신규 노선을 창출할 때에는 부정기항공으로 노선을 먼저 편성해 보고 해당 노선에서 꾸준히 이익이 날것 같다면 부정기항공을 정기항공으로 돌리는 등의 방법을 택하고 있다.

② 항공서비스의 소분류

항공서비스의 분류에 대한 여러 학자들의 의견이 분분하기에 본 교재에서는 국가직무능력표준(National Competency Standards)으로 항공서비스 현장을 부문별, 수준별 체계화한 것을 바탕으로 항공 서비스를 크게 5개 소단위로 분류하였다. 이는 아래 표와 같이 탑승 전·중·후 서비스, 비행 중 서비스, 착륙 전·후 서비스, 안전 서비스, 승무원 기본 서비스로 나눌 수 있다.

구분	능력단위	능력단위 요소
탑승 전·중·후 서비스	승객 탑승 전 준비	기내 서비스 용품 점검하기
		서비스 설비 및 기물 점검하기
		특별서비스 요청사항 점검하기
	승객 탑승 및 이륙전 서비스	탑승 위치 대기하기
		탑승권 재확인하기
		좌석 안내하기
		수화물 정리 지원하기
		특수 승객 지원하기
비행 중 서비스	비행 중 서비스	기내음료 제공하기
		기내식 제공하기
		기내오락물 제공하기
		면세품 판매하기
		객실 상태 점검하기
	기내음료 서비스	기내음료 파악하기
		기내음료 제공하기
	항공 기내방송 업무	항공 기내방송 준비하기
		정상적 상황 방송하기
		비정상 상황 방송하기
착륙 전·후 서비스	착륙 전 서비스	입국 서류 배포 및 작성 지원하기
		기내용품 회수하기
		기내서비스 용품 및 면세품 재고 확인하기
	착륙 후 서비스	승객하기 지원하기
		특수승객 지원하기
	승객 하기 후 서비스	유실물 점검하기
		잔류승객 점검하기
		기내설비 점검하기
		기내용품 인수·인계하기

구분	능력단위	능력단위 요소
안전 서비스	기내 안전 관리	승객 탑승 전 안전·보안 점검하기
		항공기 이·착륙 전 안전·보안 관리하기
		비행 중 안전·보안 관리하기
		착륙 후 안전·보안 관리하기
		비상사태 발생시 대응하기
		상황별 안전 안내 방송하기
	응급환자 대처	응급환자 발생 상황 파악·보고하기
		응급환자 초기 대응하기
		응급환자 후속 관리하기
		환자대처 상황 기록하기
승무원 기본 서비스	객실승무 관리	객실 승무원별 근무 배정하기
		운항·객실 간 정보 공유하기
		불만승객 관리하기
		출·도착 서류 작성·관리하기
		객실서비스 관리하기
	항공서비스 업무 기본	항공서비스 관련서류 확인하기
		항공 여객정보 확인하기

출처:NCS 홈페이지(2019)

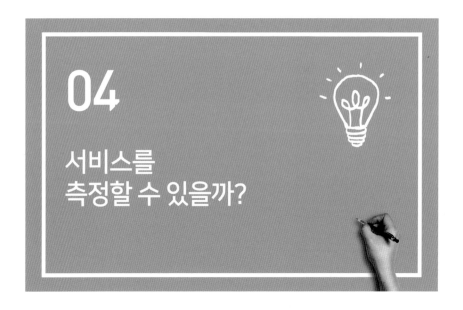

① 서비스 품질의 학문적 정의

서비스의 품질에 대해 여러 학자들이 다양한 정의를 내렸지만 기본적으로 "품질을 측정하는 측정자의 관점에 따라 서비스의 품질은 다르다."는 관점 하에서 출발한다. 이처럼 주관적이며 수용자 지향적인 관점은 고객의 다양한 욕구를 반영하며, 그들의 선호도를 가장 잘 만족시켜주는 상품이나 서비스를 가장 높은 품질의 것으로 판단한다(이유재, 2013). 이러한 서비스 품질에 대한 학자간의 다양한 견해가 있기에 각 분야마다 서로 다른 서비스 품질과 관련된 연구가 진행되고 있다(고민환, 김미영, 이충기, 2019). 그 밖에 서비스의 품질에 대한 정의는 다음과 같다. Bitler(1990)는 서비스에 대한 전체적인 태도와 평가를 서비스의 품질이라 정의하였고,

Zeithaml(1988)은 서비스 품질을 서비스의 전체적인 우수성 또는 우월성에 관련된 고객의 평가라고 정의하며 "서비스의 품질은 실제적 품질과는 다르며, 서비스 품질은 구체적이지 못한 추상적인 개념이다. 또한, 서비스 품질은 태도와 유사한 형태로서 전체적인 평가를 의미하고, 서비스 품질의 평가는 보통 비교의 개념으로 이루어지게 된다."라고 밝혔다.

2 서비스 품질은 이렇게 측정한다(Grönroos 모형 VS SERVQUAL 모형).

가장 널리 알려져있는 서비스 품질 측정 모형은 Grönroos 2차원 모형과 SERVQUAL 5차원 모형이다. 이 두 가지 모형은 1980년대부터 많은 학자들에 의해 주목받아 왔고, 현재 사용되고 있는 다양한 서비스 품질 측정 모형들은 대게 Grönroos 모형과 SERVQUAL 모형에 근간을 두고 있다(이유재, 2016).

Grönroos 이차원 모형

Grönroos(1984)는 2차원 모형에서 서비스품질은 결과품질(technical quality)과 과정품질(functional quality)의 2가지로 구성되어 있다고 밝혔다. 결과품질은 소비자가 서비스로부터 얻는 것의 품질로 '무엇' 또는 기업의 노하우에 해당하는 것이며, 과정품질은 소비자가 서비스상품을 얻는 전달과정인 '어떻게' 또는 직원의 태도, 행동에 해당하는 품질을 의미한다. 즉, 기업의 이미지는 해당 기업이 갖고 있는 노하우를 어떻게 소비자에게 전달하느냐에 따라 결정된다고 볼 수 있고, 소비자가 기업을 어떻게 평가하느냐에 따라 지각된 서비스 품질이 결정되는데 이때 마케팅이나 구전과 같은 기대된 서비스의 영향을 받을 수밖에 없다.

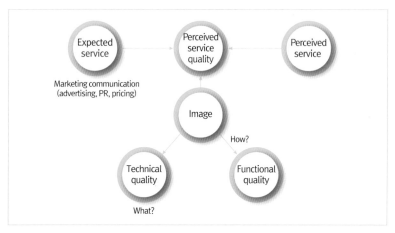

출처: Grönroos(1984)의 선행연구를 수정

SERVQUAL 모형

서비스 품질은 제품과 달리 불량률이나 내구성과 같은 객관적인 척도로 측정이 어렵기 때문에 고객의 인식을 측정하여 서비스의 품질을 측정하고 있다. 이러한 고객의 인식 평가를 위해 제쓰멀(Zeithaml, 1988), 베리, 파라수라만(Berry & Parasuraman, 1988)은 서비스 품질을 측정할 수 있는 척도인 SERVQUAL을 개발하였다. SERVQUAL은 서비스 산업에 보편적으로 적용 가능한 서비스 품질 결정요인을 신뢰성, 반응성, 능력, 접근성, 예의, 의사소통, 신용도, 안정성, 소비자 이해, 유형성의 10가지 범주로 제시한 것이다. 최초 10개의 서비스 품질 결정요인은 추가적 연구를 통해 유형성, 신뢰성, 확신성, 공감성, 반응성의 5가지 항목으로 재구성 되었으며 이를 측정 하기 위해 기대를 측정하는 22개의 항목과 성과를 측정하는 22개의 항목으로 구성된 두 가지 유형의 척도를 만든 이후 성과와 기대의 차이에 의해 서비스를 측정하는 도구를 개발하고 이를 SERVQUAL 모형이라 불렀다.

SERVQUAL 모형

차원		내용
최초 10개 차원 (1985)	유형성	서비스의 평가를 위한 단서(직원의 외모, 서비스 시설)
	신뢰성	고객과 약속된 서비스를 정확하게 수행하는 능력 (약속시간 준수)
	반응성	고객을 돕고 즉각적인 서비스를 제공하려는 의지 (서비스의 적시성, 신속한 서비스 제공)
	능력	서비스를 수행하는 데 필요한 기술과 지식의 소융 (조직의 연구개발력)
	예의	직원의 친절과 배려 (정중한 태도)
	신용도	서비스 제공자의 진실성, 정직성(기업의 평판, 직원의 정직성)
	안전성	위험, 의심으로부터의 자유(신체적 안전)
	접근성	접근 가능성 (대기시간, 서비스 제공 장소의 편리성)
	의사소통	고객과의 커뮤니케이션 (서비스에 대한 설명)
	소비자 이해	고객과 그들의 욕구를 알려는 노력 (개별적 관심, 고객의 요구사항 학습)
추가된 5개 차원 (1988)	유형성	서비스의 평가를 위한 단서(직원의 외모, 서비스 시설)
	신뢰성	고객과 약속된 서비스를 정확하게 수행하는 능력 (약속시간 준수)
	반응성	고객을 돕고 즉각적인 서비스를 제공하려는 의지 (서비스의 적시성, 신속한 서비스 제공)
	확신성	기업과 직원의 능력, 예의, 신용성, 안정성
	공감성	기업과 직원이 고객에게 기울이는 관심의 정도, 배려와 접촉 용이성

이 모형은 2개의 설문지를 통해 응답자들은 특정 기업의 서비스에 대한 그들의 기대에 응답하게 한다. 항공사에 대한 승객들의 기대는 일반적으로 항공사의 광고, 주변의 평판, 과거의 탑승경험, SNS 구전활동 등에서 형성된다. 또한, 동시에 동일한 기업의 서비스를 이용한 이후 성과를 기록하게 한다. 항공사의 성과는 보통 서비스를 이용한 이후 승객의 심리적 만족도에 의해 형성된다. 설문을 마친 이후 앞서 응답했던 사전 기대치와 사후 성과치를 비교하여 서비스의 품질을 평가하게 되고, 승객들의 지각된 서비스(사후 성과치)가 기대한 서비스(사전 기대치) 보다 높다면 만족스러운 서비스를 받았다고 평가하게 된다(고민환, 2019).

눈 앞에 보이는 서비스 단서(유형성) 하나만 변해도 느끼는 고객이 느끼는 서비스의 수준이 변할 수 있다. 예를 들어 인천공항의 무인 청소로봇과 이를 쳐다보고 있는 주변 사람들의 모습을 당신이 방문한 외국의 공항에서 이런 광경을 보게 된다면, 그 공항의 서비스 수준에 대해 어떻게 느끼게 될 것인가? 아마도 대부분의 외국인들은 인천 공항에서 보게되는 무인 청소로봇을 통해 IT 강국 대한민국, 높은 수준의 과학기술, 청결함, 신뢰감 등을 느끼게 될 것이다.

▲ 출처: The seattle times : 인천공항의 무인 청소로봇을 바라보고 있는 사람들

앞서 확인한 것처럼 서비스의 소멸성, 무형성, 생산과 소비의 비분리성, 이질성과 같은 특성으로 인해 서비스의 품질을 측정하는 것은 쉽지 않다. 그럼에도 불구하고 서비스를 개선하고 관리하기 위해선 반드시 서비스의 품질은 측정되어야 한다.

SMAT
CS LEADERS   핵심이론   기대불일치 이론

올리버(Oliver)는 고객이 자신이 상품을 구입하기 전 상품에 대해 예상한 기대심리와 실제 상품을 사용한 이후 얻게 된 성과를 비교하여 성과가 기대 이하면 불만족, 기대 이상이면 만족을 얻게 된다고 밝혔다. 이러한 기대 불일치 이론은 현대사회의 고객 만족을 이야기할 때 빠지지 않고 등장하는 이론이다.

기대불일치 이론은 긍정적 기대불일치와 부정적 기대불일치로 나눌 수 있는데,
- 긍정적 기대 불일치 : 성과 > 기대 → 만족
- 단순한 일치 : 성과 = 기대 → 보통
- 부정적 기대 불일치 : 성과 < 기대 → 불만족
으로 볼 수 있다.

기대불일치 모형

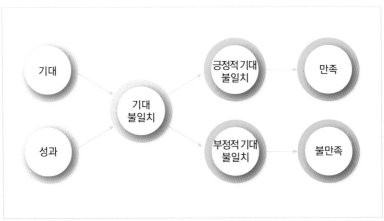

출처: Oliver(2017)의 선행연구를 수정

2019년 개봉했던 어벤져스 마지막 시리즈를 보러 들어갈 때 여러분이 가졌던 그 기대감, 그리고 실제 영화를 봤더니 예상했던 것 보다 더 영화가 재미있을 때 여러분은 긍정적 불일치를 느끼게 되고, 결과적으로 어벤져스라는 영화에 만족을 느끼게 된다. 하지만 이와는 반대로 막상 영화를 봤더니 예상과 달리 영화가 너무 재미가 없을 때(기대는 높았지만, 성과는 낮은 경우) 여러분은 부정적 불일치를 느끼게 되고 그 영화에 대해 불만족을 느끼게 된다.

　　소개팅을 나가서도 이 기대불일치 이론은 그대로 적용이 된다. 사전에 친구가 너무나 상대방에 대한 칭찬을 많이 해서 높은 기대치를 가지고 소개팅에 나갔다면, 기대치가 높아 평범한 상대방을 보고서 실망을 할 수도 있다(기대>성과). 하지만 사전에 친구가 상대방을 너무나 평범하다고 소개를 해 놓아서 상대방에 대한 기대치가 높지 않은 상태에서 만나게된 평범한 상대방에 대해 우리는 만족을 느낄 수도 있다(기대<성과). 이처럼 기대불일치 이론은 만족과 관련한 우리 삶의 많은 분야에서 사용되고 있다.

유튜브로 알려주는
항공사 롤플레이
123문제

Chapter

5

서비스직에 근무하게 될
당신은 어떤 사람인가?

01

객실승무원, 너는 누구냐?

1 **객실승무원, Flight attendant, 스튜어디스 등의 다양한 명칭**

객실승무원은 flight attendant 또는 cabin crew라고 불리우며 항공기내에서 승객들에게 안전과 서비스를 제공하는 임무를 갖고 있다. 과거에는 성별에 따라 여성은 스튜어디스(stewardess), 남성은 스튜어드(steward)라고 주로 불리었다. 세계 최초의 객실승무원은 1930년 미국 보잉 에어 트랜스포트(Boeing Air Transport)사의 8명의 간호사들이 샌프란시스코에서 시카고를 운항하는 비행기내에서 근무를 시작했다. 당시 객실승무원의 임무는 비행 중 흔들림 때문에 멀미를 하는 승객들을 돕기 위한 간호사의 임무를 갖고 비행기에 탑승했다.

2 가장 오랜시간 승객과 함께하는 그 곳(객실)에서 이루어지는 객실서비스

항공운송분야의 서비스는 물적·인적 서비스가 합쳐진 기내서비스에 초점이 맞춰져 있다고 박윤미(2017)는 밝혔다. "기내서비스를 제공하는 객실승무원이 왜 되고 싶니?"라고 학생들에게 묻다보면 가끔씩 어떤 학생들은 "승객과 함께하는 시간이 좋다. 그런데 카페나 음식점에서 일하면 고객과의 만남은 몇초에 지나지 않지만 객실승무원은 몇 시간도 넘게 승객들과 함께 할 수 있다."라고 답변하는 경우를 종종 볼 수 있다. 물리적 시간으로 계산했을 때 이 말은 정확히 맞는 말이다. 하지만 이 말의 의미가 단순히 물리적 시간만을 의미하는 것일까? 이 말은 단순히 승객과 내가 함께 할 수 있는 시간이 길다는 것을 의미하는 것이 아니다. 이 말은 바로 하늘 위, 고도 몇 만 피트 상공에서 나와 함께 비행을 하고 있는 승객, 그리고 동료들의 모든 문제를 함께 해결해 줄 수 있는 "해결사 같은 존재이다."라는 의미를 갖고 있다.

객실서비스는 안전과 서비스로 구성되어 있다. 짧으면 1시간 길면 10시간도 넘게 기내에서 객실승무원들은 높은 수준의 서비스를 바라는 승객의 욕구를 충족시키고, 승객이 편안한 비행을 즐길 수 있게 높은 수준의 서비스를 제공하고 있다. 인천에서 샌프란시스코로 향하는 열 세 시간의 비행 동안 기내에서 승객인 여러분이 할 수 있는 일은 뭐가 있을까? 여러분이 갖고 온 스마트폰에 있는 유튜브 영상을 보거나 기내에 있는 기내 영화를 보면서 시간을 때울 수 있을 것이다. 그 때 여러분에게 제공되는 맛있는 기내식, 덥거나 춥지 않으면서도 적절한 기내온도, 적절한 기내 조명, 혹시나 여러분이 몸 상태가 좋지 않게 된다면 여러분에게 제공되는 구급약 등 기내에서 벌어지는 모든 일에는 객실승무원이 관여하게 되어 있다. 혹시라도 여러분이 공항에서 티켓을 발권하는 과정에서 지상직 직원이 여러분의 좌석을 비즈니스 클래스로 업그레이드 시켜줘서 너무나 기분이 좋다고 할지라도, 기내에서 만난 객실승무원의 예상치 못한 낮은 수준의 서비스를 제공받게 된다면 여러분이 기억하는 항공사의 전체적인 서비스 수준은 낮게 기억될 수 밖에 없다. 승객과 함께 가장 오랜 시간 있으면서도, 항공사의 이미지를 결정하게 되는 객실승무원의 서비스, 바로 여러분이 일하게 될 항공사의 운명을 결정짓는 순간으로 봐도 옳다고 할 수 있다.

③ 객실서비스 뿐만 아니라, 운송서비스 역시 제공하는 객실승무원

한 명의 승객을 특정 지역에서 또 다른 지역으로 나르는 운송서비스는 조종, 객실, 지상직, 케이터링, 정비와 같은 다양한 부서의 항공사 직원들이 참여하게 된다. 일부 학자들은 운송서비스와 객실서비스 업무를 승객이 기내에 탑승하고 내리는 순간으로 나누는 경우도 있지만 예상치 못한 비행 연착, 회항(원래 목적지로 가지 않고 목적지를 바꾸는 것)과 같은 사건들로 인해 앞서 구분한 객실서비스와 운송서비스의 구분은 상황에 따라 달라지게 된다.

필자는 나리타 공항에서 인천으로 가는 비행기를 탔다가 태풍 때문에 비행기가 오사카 공항으로 회항을 하게 되어서 2시간 30분이면 도착할 비행을 15시간이나 걸려서 도착한 경험을 갖고 있다. 당시 기내에 탑승한 객실승무원들에게 승객분들이 비행 도착시간이 늦춰진 것과 관련해서 컴플레인을 크게 하는 모습을 본 적이 있었는데, 이처럼 객실서비스

는 운송서비스와 항상 뗄 수 없는 관계를 맺고 있다는 것을 알고 있어야
한다.

4 **기내식을 선택하기 위해 항공사를 바꾼다고?**(케이터링 업무)

하늘 위에서 자신이 먹고 싶은 식사를 선택하기 위해서라도 여러 항공
사의 식사 서비스를 비교하는 승객들이 많아지고 있다. 카타르 항공처럼
전 세계적으로 유명한 스타 요리사의 메뉴를 기내에서 서비스하는 항공
사도 있고, 5스타 호텔 이상급 식사를 제공하는 싱가폴항공, 에미레이츠
항공, 에티하드항공과 같은 항공사들이 많아지고 있다. 항공 기내식은
비행 중 승객에게 제공되는 식사로 비행기가 출발 하기 전 케이터링 회
사에서 미리 만들어져 비행기내로 탑재하게 된다. 이렇게 탑재된 기내식
들은 미리 계획되어 있는 서비스 순서에 따라 객실승무원들에 의해 다
시 조리되어 승객들에게 서비스 되어 진다.

비행기 출발 48시간 전 PMI(Preliminary Meal Inform)를 작성하면, 거기에 맞춰
케이터링 부서에서는 음식을 준비한다. 비행기 출발시간 6시간 전 최종
수량을 다시 한 번 확인한 이후 meal cart에 실어 기내 들어갈 음식을
준비한다. 이때, 음식은 조리가 되어 있는 상태로 출발 시간 전까지 냉
동실에 보관되어 신선도를 유지한다. 비행기 출발 시간에 맞춰 냉동실에
보관되어 있던 meal cart는 기내 서비스 물품과 함께 기내에서 대기중
인 객실승무원에게 건네진다. 객실승무원은 특별 주문 등 추가적인 사
항과 승객 탑승인원에 맞춰 기내식을 전달받는다. 비행기가 이륙한 이후
객실승무원은 준비된 음식을 오븐에 데워서 승객들에게 서비스 한다.

02
서비스 종사자가
업무를 대하는 태도

1 5스타 서비스를 제공하는 서비스 종사자가 갖춰야 할 서비스 마인드

박강언(2010)은 고객응대를 서비스 판매자가 고객의 물품 구매를 유도하기 위해 고객이 만족할 만한 제품의 지식과 정보를 제공하며, 고객과 직접 접촉하며 구매를 도와주는 행위라 정의하였고, 한상인(2009)은 기업과 고객과의 관계형성을 위해서는 서비스 접점에서 고객을 직접 상대하는 서비스 종사자들의 고객 지향적 사고와 서비스가 특히 중요하다고 이야기 했다. 한편, 고객 지향적 사고란 고객이 만족할 만한 구매의사결정을 하는 것을 돕고, 고객이 원하는 니즈를 잘 파악하고, 그들이 원하는 서비스를 정확히 제공하며 고객의 모든 혜택과 편익을 위해 행동하는 것이라 호프만 등(Hoffman&Ingram, 1992)은 밝혔다.

서비스 종사자들은 다음과 같은 마인드가 필요하다.

첫째, 고객에 대한 봉사정신이다. 봉사정신은 상대에게 부담을 주지 않고, 스스로의 마음에서 우러러 나오는 순수한 봉사정신을 의미한다. 서비스 종사자는 어떤 상황에서라도 형식적이고 수동적인 서비스를 제공해서는 안 되고, 진정한 마음에서 나오는 봉사정신을 전달해야 할 것이다. 실제로 많은 수의 서비스 종사자들은 학창시절 봉사활동을 통해 자신이 마음 속에 숨겨져있는 봉사정신을 깨닫고 서비스업으로 진로를 정하는 경우도 많이 있다.

둘째, 고객과 본인 스스로에 대한 정직성이다. 서비스는 업무 자체가 눈에 보이는 제품이 아닌 인위적으로 만들어진 서비스 제품을 판매하는 것이기 때문에 정직성이 그 어느 곳보다 요구되어 진다. 과장된 광고로 고객을 모아놓고, 실제로 아무런 서비스도 제공하지 못하는 기업의 미래는 불보듯 뻔하다. 또한, 기업과 내부고객 즉 직원들 역시 서로 믿고 협조하는 원만한 기업 분위기를 조성하여 외부고객에게 그 진실성을 전달 할 수 있어야 한다.

셋째, 고객에 대한 환대성이다. 매장을 찾는 고객에게 더 나은 인상과 호감을 주고 그 곳을 다시 찾고 싶은 마음이 들게 만들어야 한다. 똑같은 미소를 고객에게 보인다 할지라도 고객이 받아들이는 입장에 따라, 그 미소는 다르게 받아들여질 수 있다는 서비스의 특성에도 불구하고 서비스 종사자는 매장을 찾는 고객에게 진심으로 대하며 그의 환대성을 고객에게 전달할 수 있게 노력해야 한다.

넷째, 서비스 종사자의 예절과 바른 태도이다. 고객과 접점에서 만나는 서비스 종사자는 항상 정중히 인사하고, 미소를 잃지 않으며, 세련된 감각과 예절을 통해 고객을 만족 시킬 수 있어야 한다. 카타르 항공의 메니지먼트에선 우리 승무원이 고객에게 한 실수는 서비스 리커버리를 통해 다시 주워 담을 수 있지만, 고객에게 무례한 행동을 한 승무원은 용서를 할 수 없다는 말을 전하기도 하였다.

다섯째, 서비스 종사자의 위생관념이다. 서비스 종사자는 자신의 개인위생과 공공위생을 철저히 지켜야 한다. 기내에서의 공공위생이란 갤리(기내 주방)를 항상 깨끗이 정리를 한다든지, 화장실을 청결히 유지해야한다에서부터 시작해 개인위생은 승무원으로서 자신의 건강을 유지하고, 유니폼을 항상 깨끗이 준비하고 있음을 의미한다.

여섯째, 서비스 종사자는 능률적으로 근무해야 한다. 가장 효율적인 업무처리를 위해서는 순간 순간의 감정에 의해 일하는 것이 아닌 오랜 기간의 경험과 기록에 의해 만들어진 SOP(Standard Operation Procedure)를 따르는 것이 가장 좋다. 업무 중 무엇을 먼저 해야할지 고민이 된다면 가장 좋은 해결책은 다시 한 번 교육 때 봤던 매뉴얼을 확인하고, 매뉴얼 순서대로 실천하는 것이다.

2 서비스 품질 평가를 반영한 객실승무원의 자질

💡 HSK 6급의 중국어 실력만 있으면 될까?(상황에 적합한 의사소통 능력)

글로벌 시대와 함께 급속도로 변화하는 환경의 영향으로 항공산업은 계속해서 발전하고 있다. 또한, 항공서비스를 이용하는 수요층 역시 다양하고, 복잡하게 변하고 있다. 2000년 이전까지 우리나라 항공서비스를 이용하는 계층이 대부분 기업 출장으로 인한 수요층이었다면, 현재는 비즈니스 목적부터 가족 여행까지 다양한 목적의 수요층이 존재한다. 따라서 이러한 승객의 욕구를 충족시키기 위해 객실승무원에게 가장 필요한 자질은 의사소통 능력이다.

여기서 이야기하는 의사소통 능력은 단순히 외국어 능력만을 말하는 것이 아니다. 똑같은 언어를 구사하더라도 이야기하는 상대에 맞춰, 상황에 맞춰 다른 용어를 구사하고, 승객과의 긍정적인 분위기의 의사소통을 구사할 수 있는 객실승무원의 능력이 요구된다. 승객과 대화를 나눌 때에는 가급적 전문용어를 사용하지 않고, 승객이 쉽게 이해할 수 있는 용어를 사용하여 승객에 대한 존중을 보여주고, 외국인 승객들과의 원활한 소통을 위해 평상시 외국어 능력 향상에 힘쓴다.

하지만 무작정적인 외국어 실력 향상이 고객에게 최고의 서비스를 의미하는 것은 아니다. 여기서 잠깐 가상의 항공사 면접 이야기를 해 볼까 한다. 여기 항공사 면접을 보고 있는 두 명의 지원자가 있다. 똑같은 중국어 수준을 갖추고 있지만 한 명은 한국에서 태어난 한국인, 또 한 명은 중국에서 태어난 중국인 승무원 중, 여러분이 중국인 승객이라면 어떤 승무원이 더 좋은 서비스를 제공할 것이라 생각하는가? 두 승무원이 제공하는 언어의 수준이 같다는 상황에서 볼 때 만약 여러분이 중국인 승객이라면 언어뿐 아니라 중국인의 태도나 습관, 가치관까지 함께 공유하고 있는 중국인 승무원이 여러분에게는 더 좋은 승무원이 될 가능성이 있다. 이처럼 의사소통은 언어를 주고 받는다는 의미 속에 여러분의 배경, 의식, 생각까지 함께 포함되어 있다는 것을 명심해야 한다.

또한, 최근 들어 LCC의 등장으로 기내 이벤트와 같은 활동들이 생겨나며 승객과 직접적으로 소통할 수 있는 기회가 더욱 많아졌는데, 이런 기회를 더욱 적극적인 의사소통의 장으로 활용하여 승객의 피드백을 받을 수 있는 기회를 갖도록 한다.

가장 중요한 자질, 안전

"실패한 기내 서비스는 되돌릴 수 있지만, 실패한 안전은 되돌릴 수 없다."라는 말이 있다. 실제로 객실승무원이 기내 탑승한 이유는 승객과 승무원, 비행기의 안전을 위해서이다. 과거 지나친 기내 서비스로 인해 객실승무원의 존재 이유가 서비스 제공이라는 잘못된 편견도 있었지만, 현재는 객실승무원의 존재 이유는 안전이라는 것에 누구나 공감하고 있다. 객실승무원들은 안전의식 고취 및 비상시 올바른 상황판단을 위한 안전 교육 및 훈련을 정기적으로 실시하고 있다. 대부분의 항공사에선 매년 1회(2주)이상의 정기적인 안전 교육을 실시하고 있으며, 객실승무원들은 각각의 비행기에 맞는 안전 자격증을 취득해야 해당 비행기에서 객실승무원으로 근무할 수 있다. 또한, 매 비행 전 실시하는 안전 지식 테스트를 통과하지 못한 객실승무원은 그날 비행에 참여할 수 없을 정도로 안전에 관해선 철저함이 요구되어 진다.

다양한 외국 문화와 사람을 이해하는 오픈마인드

기내에 탑승하는 다양한 승객들의 국적, 연령, 성별, 종교 등을 이해하는 오픈마인드가 객실승무원에게는 필수 요인이다. 따라서 객실승무원들은 평상시에 다양한 세계, 경제, 문화, 사회에 대한 독서나 간접 경험을 통해 오픈마인드를 키우는 것이 요구되어 진다. 인도에선 왼손은 화장실에서 사용하고, 오른손은 레스토랑에서 쓴다는 정도의 문화에 대한 다른 점을 알고 있다면 해당 국가의 손님을 만났을 때 서로 얼굴 붉힐 일은 없을 것이다.

고급스럽고 예의바른 태도

과거 서비스 산업에서 가장 높은 수준의 서비스를 제공하던 곳이 호텔이라고 믿어지던 시기가 있었지만, 현재 서비스 산업에서 가장 높은 수준의 서비스를 제공하는 곳은 항공사라 믿어 의심치 않는다. 승객을 만나는 모든 객실승무원들은 예절과 친절함을 겸비해야 하며 항상 웃는 얼굴로 승객을 맞이해야 한다. 이를 위해 항공사에선 정기적인 매너 교육을 실시하고 있다. 또한, 이런 이유에서인지 실제 항공사 출신 객실승무원들이 직장을 관둔 이후 CS(Customer Service) 관련 업종으로 많이 진출하는 것과 무관하지 않을 것이다.

승객과의 신뢰로 쌓은 믿음

안전한 운항, 정시 출·도착, 쾌적하고 안락한 기내 환경, 친절한 서비스 응대, 맛있는 식음료 서비스 등 승객이 객실승무원에게 요구하는 기대 수준은 다양하며, 그 수준 역시 높다. 앞서 밝혔던 승객과의 약속을 소중히 하며 이를 지키기 위해 노력하는 객실승무원의 자세 역시 항공 서비스 품질평가에서 빠질 수 없는 요인이다.

유튜브로 알려주는
항공사 롤플레이
123문제

Chapter

6

항공사에 대한 기대가 높다면,
고객 만족은 커질까? 작아질까?

01

사전 기대심리 - 지각된 성과 = 고객 만족

1️⃣ 고객 만족도 수학 공식처럼 계산이 가능하다고?

고대 로마의 정치인 세네카(Seneca, 65)는 "지금 자신이 갖고 있는 것에 만족할줄 모르는 자는 세계를 다 가져도 만족할 수 없다."고 말했다. 그리스의 철학자 아리스토텔레스(Aristotels, BC 322)는 "만족을 쾌락추구가 아닌 근심과 걱정으로부터 해방되는 것이다."라고 밝혔다. 법정스님은 만족과 관련하여 "아무것도 갖고 있지 않을 때, 결과적으로 온 세상을 가질 수 있게 된다."고 말했다. 로마시대부터 현재까지 수많은 학자들이 만족에 대해 이야기를 하고 있는 것처럼 만족은 우리 생활에서 빠질 수 없는 요소이다. 한편, 서비스업에서 이야기하는 고객 만족은 고객들이 제품 또는 서비스를 구매, 비교, 평가하는 과정에서 호감 또는 비호감의 감정을 드러내는 것이며, 또 다른 한편으로는 고객이 제품이나 서비스를 사용하기 전의 기대감과 사용 후의 성과 간의 지각된 불일치에 대한 고객의 평가라고 고객 만족을 정의한다. 즉 고객 만족은 제품이나 서비스에 대한 고객의 사전적 기대심리와 이를 소비한 이후의 지각된 제품의 성과의 차이에 대한 고객의 심리적 반응이라 말할 수 있다. 앞서 언급했던 Oliver의 기대 불일치 이론도 이와 비슷하게 이해하면 된다.

2 당신이 고객의 이름을 불렀던 마지막 순간은 언제인가?(고객만족 7의 법칙)

미국의 유명한 심리학자인 넛슨(Knutson)은 고객 만족을 위한 7개의 법칙을 제안하였다.

고객을 인식해야 한다.

샌프란시스코로 향하던 K 항공사의 탑승을 마친 직후였다. 가족들을 만난다는 기쁨에 멍하게 창밖만 쳐다보고 있던 순간 누군가 말을 걸었다. "고민환 고객님 맞으시죠? 저희 K 항공사에 탑승해 주신 것을 환영합니다." 그 비행기 안에서 누군가 나의 이름을 불러준다는 것을 예상치도 못했던 상황이었다. 말을 걸어온 승무원은 간단한 자기소개와 오늘의 비행에 대해 설명을 해주고 자리를 떴다. 그날 비행에서 그 외에 특별한 서비스는 없었지만 예상치 못한 곳에서 누군가 나의 이름을 불러주고 나를 환영해줬다는 그 사실 하나만으로도 그 날 비행은 내가 기억하고 있는 여러 비행 중 최고의 비행으로 기억에 남는다.

이런 사례는 서비스 현장에서 흔하게 발생한다.

모든 고객의 이름을 알고 있다면 좋겠지만, 이는 현실적으로 불가능하다. 하지만 고객이 매장에 방문했을 때 바쁜 상황에서도 미소나 인사로 '네가 온 것을 알고 있다.'는 신호를 보내는 것만으로도 고객의 만족은 올라간다. 하지만 고급스러운 서비스를 제공하는 항공사의 상위클래스에선 고객이 자리에 앉았을 때 단순히 미소뿐만 아닌 고객의 이름을 부르며, 고객에게 친근감을 표시하고 있다. 물론 상위클래스의 객실승무원들은 이미 모든 고객의 이름을 고객 리스트(passenger information list)를 통해서 알고 있다.

긍정적인 첫인상이 중요하다.

온라인 취업포털 사람인이 기업 인사담당자 497명을 대상으로 신입 채용 면접에 대해 조사한 결과 "첫인상이 면접 끝까지 유지된다."가 85.5%로, "면접 도중 바뀌는 편이다."의 14.5%보다 6배나 많은 것으로 조사 되었다(Veritas, 2015). 첫인상의 중요성은 점화효과(Priming effect)로 부터도 찾을 수 있다. 점화 효과는 처음에 노출된 자극은 나중에 노출된 자극의 처리에 영향을 주는 현상을 의미한다(위키백과, 2019). 예를 들어, 비행기를 한 번도 타보지 못한 사람에게 유튜브에서 비행기를 타고 몰디브로 떠나는 동영상을 보여주게 되면 나중에 실제로 비행기를 타야하는 상황에서 그 사람은 몰디브의 해변에서 칵테일을 마시는 환상을 갖게 될 것이고, 역사상 가장 끔찍한 비행기 사고의 동영상을 보게된 사람은 가급적이면 비행기 여행을 하지 않겠다는 마음을 먹게 된다.

💡 고객의 기대는 당연히 충족되어야 한다.

생산되는 제품과 달리 서비스업은 무형성이라는 특성을 가지고 있기 때문에 기업은 고객들의 머릿속에 서비스라는 상품의 기대값을 만들어야 한다. 그리고 그 기댓값은 고객들에게 충족되어야만 고객만족을 얻을 수 있다. 만약 과대 포장 광고로 고객을 창조는 했지만, 창조된 고객의 기대치를 충족시키지 못한다면 그 고객은 다시 돌아오지 않을 것이다.

💡 고객의 의사결정을 도와야 한다.

대부분의 고객들은 의사결정 하는 것을 두려워하기에 기업은 고객의 의사결정을 도와야 한다. 광고에서 가장 많이 사용되는 문장은 "지속적인 노출을 하라."이다. 기업은 고객에게 최대한 많은 의사결정의 기회를 주어야 한다는 것이다.

예를 들어, 페밀리 레스토랑인 TGI FRIDAY에서 월드컵 기간 버드와이저 맥주 행사를 진행했다고 가정하자. 고객이 매장에 들어선 순간 맥주 광고를 여기저기서 볼 수 있고, 고객의 테이블로 주문을 받으러온 웨이터는 행사를 하고 있는 맥주를 추천한다. 또한, 그 웨이터의 유니폼에 버드와이저 맥주 판매를 알려주는 배지가 부착되어 있고, 테이블 위에는 버드와이저 맥주 플레이스매트가 깔려져 있다. 이 고객이 해당 매장을 떠나기까지 총 몇 번의 버드와이저 맥주를 볼 수 있는 의사결정의 기회가 있었는가?

광고 회사에서 이런 법칙을 잘 사용하는 것처럼 연애의 고수들도 이런 "Repeat"의 법칙을 잘 사용하고 있다. 학창시절 등교버스에서 항상 마주치게 된 남학생. 자주 보면 보게 될수록 그 남학생에 대한 호감도는 올라가게 된다. 그리고 혹시라도 그 남학생이 버스에 보이지 않게 된다면 그 남학생에 대한 걱정을 하게 될 것이다.

고객의 노력을 덜어주어야 한다.

모든 사람은 본능적으로 편한 것을 추구한다. 계속해서 편한 것만 찾게 만드는 인간의 심리는 서비스에서도 적용된다. 우리는 이런 현상을 서비스 편의성이라고 부른다(고민환, 2020). 고객은 귀찮은 것을 좋아하지 않는다. 고객은 서비스 업체의 작은 편의 하나에도 크게 감사함을 느낀다. 마트에서 여러 가지 물건을 사고, 차량에 짐을 옮긴 뒤 카트를 어디 두어야 할지 몰라 두리번거리고 있을 때 그 카트를 수거하러 온 직원에게 당신은 얼마나 고마움을 느꼈는가? 고객의 사소한 노력 하나를 줄여줌으로써 서비스 업체는 고객의 만족을 받을 수 있다.

특히 요즘처럼 스마트폰 하나로 모든게 작동 가능한 시대에는 고객의 편의성을 증대시키는 것이 바로 고객을 기업의 편으로 만드는 하나의 방법이 될 수 있다(고민환, 2019).

고객에게 시간은 금이다.

백종원이 TV에서 소개한 맛집에 친구들과 함께 밥을 먹으러 갔다. 대기 줄이 길어 보인다. 직원의 말에 따르면 지금 웨이팅 리스트에 이름을 올리더라도 60분을 더 기다려야 한다고 말한다. 다른 방법이 없었기에 어쩔 수 없이 이름을 리스트에 올려놓고, 기다리고 있던 순간 기다리는 고객을 위해 준비한 간단 스낵이라며 맛있는 스낵이 제공된다. 그리고 대기 시간 역시 30분 밖에 되지 않았는데 벌써 내 이름이 불리운다. '아 이 집은 맛만 있는 것이 아니라 서비스까지 친절한 맛집이구나… 역시….'

IATA에서 실시한 설문에 따르면 고객은 자신이 탑승한 비행기가 계획된 도착시간보다 늦게 도착할 경우, 실제 물리적인 시간의 늦음보다 서너 배는 더 길게 그 시간을 느낀다고 한다. 그런 고객의 심리상태를 이해한 디즈니랜드에선 고객이 줄을 서서 기다리는 동안 대기 줄을 직선이 아닌 곡선으로 유도하여 줄이 계속해서 움직이게 하여 고객들의 지루함을 줄여 주었다. 또한, 고객들이 대기해야하는 시간을 실제 예상 시간보다 더 과장해서 적어, 고객이 예상시간보다 더 빨리 입장하게 됨으로써 오히려 좋은 서비스를 받았다는 느낌이 들게 만들었고, 기다리는 동안 미키마우스나 도날드 덕이 계속해서 말을 걸어서 기다리는 시간을 지루하지 않게 만들었다. 그 결과 디즈니랜드에선 오히려 그런 엔터테인먼트를 즐기기 위해 오히려 대기 줄이 길어지고, 고객의 만족도도 높아지는 믿을 수 없는 현상이 벌어지기도 하였다.

💡 고객의 기억에 남을 경험을 선사하라.

마지막으로 스마트폰을 구입하기 위해 스마트폰 매장을 찾았던 것이 언제인지 기억하는가? 대부분의 사람들은 스마트폰 매장이나 화장품 샵에 가는 것을 부담스러워 한다. 매장 문을 열고 들어서는 순간 직원이 가까이 다가와서 "어떤 제품을 찾고 있냐?"고 말을 걸면, 대부분의 소비자는 이를 부담스럽게 느낀다. 그런 이유로 요즘에는 물건을 팔지 않고, 고객들이 경험만 할 수 있는 매장도 생겨나고 있다. 이런 체험경험을 가장 잘 활용한 업체가 바로 애플스토어이다. 애플스토어는 영업활동이 아닌 체험경험을 가장 잘 고객에게 제공하고 있는 매장이다. 대부분의 휴대폰 매장과 달리 애플스토어엔 팔기 위한 진열이 따로 없다. 따라서 이 곳을 방문한 고객들은 물건 구매를 위한 소비자가 아닌 물건을 경험하기 위한 체험자가 되어 애플의 최신 기계들을 직접 사용해보게 된다. 그 결과가 바로 현재 여러분이 알고 있는 주가 총액 1위 기업 애플이 성공하게 된 비결이다.

애플스토어를 방문하는 고객에게 최고의 멋진 경험을 선사하기 위해 애플스토어는 그들만의 독특한 채용 방식을 선택했다. 흔히 애플스토어라고 하면 IT에 관심많은 사람이 직원으로 근무할 것 같지만 애플스토어에선 승무원을 뽑는 것처럼 서비스 마인드가 투철한 사람을 채용한다. 대부분의 스마트폰 매장에선 고객에게 하는 첫 마디가 "무엇을 원하냐?"이지만 애플스토어에선 "날씨가 좋네요."와 같은 일상적인 대화로 고객과의 첫 만남을 시작한다. 기억에 남을 경험을 제공하는 애플스토어는 고객이 원하는 것이 무엇인지를 알고 있는 듯하다.

"마음껏 써보세요… 판매는 안합니다." 고객의 마음을 여는 체험매장

서울 성동구 아모레퍼시픽의 뷰티라운지 '아모레성수'에서 테스팅을 끝낸 립스틱을 구매하고 싶다고 하자 거절하는 답이 돌아왔다. 여느 매장과 달리 이곳에선 제품을 '써' 볼 수 있지만 '사갈' 수는 없다. 그렇다고 방문객을 빈손으로 돌려보내진 않는다. 화장품 2300여 개가 진열되어 있는 'ㄷ' 모양의 건물을 돌아 나오면 화장품 샘플을 무료로 가져갈 수 있는 '성수 마켓'이 나온다. 이날 아모레성수를 방문한 대학생 이지윤 씨(21)는 "원하는 제품을 마음대로 써보고 샘플까지 얻어서 기분이 좋다."며 "소품이나 자리 배치와 같은 작은 부분에서도 고객이 마음 놓고 테스트해 보라는 인상을 받았다."고 말했다.

소비자의 구매 패턴이 온라인으로 옮겨가며 오프라인 매장의 위기론이 나오는 가운데 아예 '물건을 팔지 않는 매장'까지 등장했다. 판매보다 색다른 경험을 강조해 브랜드 이미지를 제고하는 체험형 매장의 극단적 버전인 셈이다. 지난 달 문을 연 아모레성수는 물건 안 파는 매장의 대표적인 사례다. 이곳에선 마시는 생수 제품인 '성수' 등 시그니처 상품 외에는 판매하지 않는다. 그 대신 곳곳에 아모레퍼시픽의 30여 개 브랜드 제품과 세면대, 의자, 거울 등을 배치해 메이크업을 놀이처럼 즐길 수 있다. 아모레퍼시픽 측은 "2030세대 고객과의 소통을 위해 이 공간을 기획했다."고 설명했다.

출처:동아일보(2019)

02

계속해서 변하는
기업의 경영 환경

1 기업의 무한 경쟁 시대

소품종 다량 생산에서 다품종 소량 생산으로 사회가 무한경쟁의 상태로 들어서며 기업의 경영환경은 계속해서 어려운 환경으로 나아가고 있다. 한국무역협회(2017)의 보고서에 따르면 국내 기업의 창업 후 5년내 생존률은 27.3%에 불과 했다. 이는 신규 창업 기업 4개중 3개는 창업 후 5년안에 퇴출 당했다는 뜻이다. 또한, 국내에서는 1년에 100개 기업중 14개 기업이 사라지는 것으로 조사 되었다. 국내 기업시장의 치열한 경쟁이 그 원인으로 지목되었다. 따라서 치열한 경쟁 환경에 살아 남기 위해선 고객에게 만족을 주고, 고객이 해당 기업을 필요로 할 수 있게 만들어야 한다.

2 매니아가 만들어낸 대량 맞춤화의 시대

요즘의 신세대는 남과 같은 것을 소비하고 싶어하지 않는다. 그들은 자신만의 독특한 취향에 어울리는 제품을 원하고, 이러한 현상은 대량 맞춤화(Mass Customization)라고 불리운다. 스타벅스를 찾게 되면 '악마의 음료'라는 특이한 이름의 음료가 있다. 특이한 이름만큼 인기가 높은 이 음료는 스타벅스의 공식 메뉴는 아니다. 이 음료는 고객들이 자신의 취향대로 각종 토핑과 시럽을 추가한뒤 만든 레시피를 SNS상에 '악마의 레시피', '악마의 음료'라는 이름으로 공유를 한 것으로, 스타벅스를 자주 찾는 매니아 층에게는 스타벅스의 공식음료보다 더 인기가 있는 메뉴이다. 샷부터 우유, 토핑, 휘핑크림, 시럽까지 모든 것을 고객들이 원하는데로 선택할 수 있는 고객맞춤 서비스는 대량 맞춤화 시대를 이끌고 있는 서비스이다.

3 생산으로 판매하는 시대는 끝났다. 경험으로 판매하라

Harvard Business Review(1998)에 따르면 재화와 용역이 균질해져 가며 더 이상 차별화가 되지 않는 상태에서, 고객에 따라 서로 다르게 느끼는 경험이 포함된 상품이 가장 중요한 상품의 형태가 될 것이라 밝혔다. 요즘 고객들은 더 이상 똑같은 형태의 제품이나 서비스를 원하지 않고, 물질이나 서비스의 고유 기능에 이벤트와 같은 경험이 추가된 경험재를 추구하는 경향이 있다.

경험 마케팅의 가장 좋은 예를 보여주고 있는 기업이 북유럽의 감성을 그대로 갖고 있는 IKEA이다. IKEA는 2012년 밀라노 국제 가구 박람회에서 경험 마케팅의 진면목을 그대로 보여주었다. 당시, 가구 박람회에서는 대부분의 브랜드들이 예상 가능한 딱딱한 모습의 가구를 전시하기에 여념이 없었다. 하지만 IKEA는 박람회장을 찾은 모든 사람들을 놀라게 만들었다. IKEA 매장의 화장실 문을 여는 순간 20평방 미터의 크기로 일반 가정의 욕실을 그대로 재현해 놓은 너무나 깔끔하고, 아름다운 모습의 화장실이 펼쳐졌다. 더럽고 지저분한 보통의 화장실을 예상했던 방문객들은 이날 자신의 방보다 훨씬 깨끗한 IKEA의 화장실을 경험하고, IKEA라는 브랜드에 대해 다시 한 번 생각하게 되었다. 그 날 IKEA는 가구를 판매한 것이 아니라 고객들에게 잊을 수 없는 경험을 판매하였다. 그 날 고객들의 인상에 남게될 IKEA는 어떤 모습일지 상상이 가지 않는가?

기업들이 물건을 만들어 놓는다고 팔리는 시대는 이미 끝났다. 경제시장은 생산자 중심에서 소비자 중심으로 이동한지 오래 되었고, 단순히 싸게 판다고 구매를 하던 시장도 계속해서 사라지고 있는 추세이다. 고객에게 체험을 하게 하고, 경험을 사게 하는 체험 경제, 바로 현재 시장이 나아가고 있는 방향이다.

4 기업은 고객과 함께 생산한다, 프로슈머

프로슈머(Prosumer)는 생산자(Producer)와 소비자(Consumer)의 역할을 동시에 하는 사람을 의미하며, 생산소비자 또는 참여형 소비자라고 한다(네이버 국어사전). 미래학자인 앨빈 토플러(1980)는 생산과 소비를 함께하는 프로슈머를 언급하며, 고객이 생산에 직접 참여하는 시대가 다가올 것이라 하였다. 프로슈머와 함께 등장한 세일슈머(Salesumer)는 판매(Sales)와 고객(Consumer)를 합친 단어로, 적극적으로 판매와 마케팅에 관여하는 신소비집단을 일컫는다. 전통적 시대의 고객들은 기업에서 제공된 제한된 정보만 받고, 단순히 소비만 하는 집단이었다면 요즘의 고객은 기업과 정보를 주고 받음으로써 공동생산자 또는 판매자의 역할까지 하고 있다. 또한 SNS를 통한 고객의 입소문이 상당하기 때문에 기업이 고객을 대하는 자세는 예전과는 전혀 다르다.

IKEA는 프로슈머를 상당히 잘 이해하고 있는 기업이다. IKEA는 전세계 어린이들의 상상속 동물의 그림을 인형으로 만드는 프로젝트를 진행하고 있다. IKEA 소프트 토이 그림 대회는 전세계의 어린이들이 참여할 수 있고, 국내에서도 20개의 그림을 선정해 스웨덴으로 보내게 된다. 이들 그림 중 독창성과 상업성 등의 항목을 통과한 10개의 그림은 IKEA의 인형 상품으로 제작하게 된다. 이처럼 IKEA는 고객과 소통하는 방식을 이용해, 고객의 참여를 이끌어 내고 마케팅적으로도 사용하는 방식을 통해 프로슈머와 원원하는 전략을 취하고 있다.

이렇게 기업과 고객이 함께 힘을 합쳐 새로운 가치를 만들어 내는 것을 공동가치창출이라 부르며 최근 들어 많은 기업에서 이 전략을 시도 중에 있다. 국내 항공사인 K 항공사에서 실시중인 "내가 그린 예쁜 비행기" 역시 공동가치창출로 볼 수 있다. 고객층인 어린이들이 참여해 그림을 그리고 그 중 선발된 그림을 비행기 동체에 래핑을 통해 고객 만족과 K 항공사의 또 다른 가치를 만들어 내는 활동, 바로 고객과의 협업으로 가치를 만들어 내는 기업의 노력이다.

마룬5의 가사도 여러분이 만들어 낸 것이다.

소비자와 함께 만들어 나가는 새로운 가치 "공동가치창출"

기존의 상품은 기업들이 가치를 만들어 내는 것이었다면 최근들어 등장한 co-creation은 기업과 소비자들이 함께 힘을 합쳐 새로운 가치를 생산해 내는 것을 의미한다.

코카콜라는 미국 록밴드 마룬5와 함께 24시간 동안 소비자들의 의견을 트위터로 접수 받아 신곡을 만드는 프로젝트를 진행했다. 마룬5는 런던 한 스튜디오에서 소비자들이 트위터로 제안하는 가사와 곡조를 실시간으로 받아 24시간 동안 '거기 누구 있나요?(is there anybody out there?)'라는 제목의 신곡을 만들었다. 이 곡은 코카콜라가 후원해 마룬5와 전세계 팬들이 함께 만든 공동 창작곡이다. 현재 이 곡은 코카콜라 홈페이지에서 무료로 다운로드가 가능하며 코카콜라는 다운로드 횟수가 10만번을 넘어서면 아프리카에 깨끗한 물을 공급하기 위한 사업에 돈을 기부한다.

출처:중앙일보(2011)

고객과 만나는 순간,
고객은 이미 결정 내린다

01

기업의 흥망성쇠를
결정하는 MOT 관리

MOT(Moment of truth)는 마케팅 용어로 고객이 특정 브랜드, 상품, 서비스에 대한 감각 또는 이미지를 형성하기 위해 해당 브랜드, 상품, 서비스를 처음 접하는 순간을 의미한다(위키백과, 2019). 고객과 처음 만나는 접점에서 어떤 이미지를 심어주느냐에 따라 그 기업의 흥망성쇠가 결정된다는 의미에서 MOT 관리는 기업의 경쟁우위를 확보하기 위한 주요 수단 중 하나이다. MOT의 어원은 최초 스페인의 "Moment De La Verdad"를 번역한 것으로, 스페인의 투우 경기장에서 투우사가 소와의 일대일 대결에서 소의 급소에 긴 창을 꽂는 그 순간을 의미한다. 1984년 마케팅 학자인 노만(Norman, 1984)이 처음 마케팅의 영역에서 이 단어를 사용하였다. MOT는 또 다른 말로 고객 접점이라고 말하기도 한다. 고객과 물리적으로 만나는 순간 뿐만 아니라 전화를 받을 때, 메시지로 고객을 만날 때, 고객이 원하는 제품을 찾기 위해 질문을 하는 순간 등 고객과 접촉하는 모든 순간을 고객접점 또는 MOT라 말한다.

여러분이 필자의 책을 읽고 있는 이 순간도 필자의 입장에서는 고객과 만나는 MOT라 말할 수 있다.

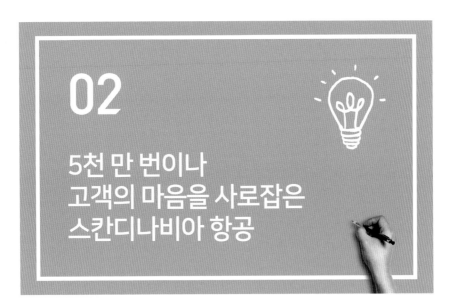

02

5천 만 번이나
고객의 마음을 사로잡은
스칸디나비아 항공

MOT 개념은 스칸디나비아 항공의 39세 CEO 칼슨(Carlzon)에 의해 항공
사에 처음 도입되었다. 그가 취임하기 얼마 전인 1970년 석유 파동으로
세계 항공업계는 큰 시련을 맞이하였다. 그 전 까지 계속해서 흑자를 기
록해오던 스칸디나비아 항공(SAS:Scandinavia Air System)역시 1979년과 1980년의 2
년간 3,000만 달러의 적자가 누적된다. 그런 상황에서 사장으로 취임한
칼슨은 고객과 직원이 처음으로 접하는 15초 사이의 짧은 순간이 회사
의 전체적인 이미지, 나아가서는 항공사의 성공과 실패를 결정한다고 강
조하고 SAS를 1년만에 흑자 회사로 전환하였고, 1983년에는 '올해의 최
우수 항공사', 1986년에는 '고객서비스 최우수 항공사'로 선정되는데 큰
역할을 하였다.

칼슨은 위기에 빠진 회사를 구하기 위해 다음과 같은 사례를 종종 들 곤 하였다. "만약 고객들이 자신의 음식 트레이가 깨끗하지 않다는 것을 발견하게 되는 순간, 고객은 자신이 타고 있는 비행기가 깨끗하지 않다고 느끼게 될 것이다. 이 상황처럼 MOT는 서비스 종사자가 고객들에게 서비스의 품질을 보여줄 수 있는 굉장히 짧은 시간이지만, 그 순간으로 인해 우리 항공사에 대한 고객의 이미지와 인상을 결정하게 되는 굉장히 중요한 순간이다."라고 이야기 했다.

칼슨에 따르면 스칸디나비아 항공에서 1년간 약 천만 명의 고객들이 각각 5명의 항공사 직원들을 만났으며, 한명의 항공사 직원의 응대 시간은 약 15초였다. 따라서 1년간 스칸디나비아 항공은 고객의 마음속에 5천만 번 회사의 이미지를 심어 넣을 기회가 있었다. '이 5천만 번의 짧은 순간이 SAS의 전체적인 이미지, 나아가 SAS의 성공과 실패를 가져오게 될 것이다.'라며 MOT의 순간을 강조하였다. 또한, 동시에 대부분의 항공사 직원들은 항공기, 정비, 기내 시설, 업무수행 절차, 예약과 같은 여러 단계의 집합이 회사라고 생각하고, 고객은 이런 여러 경험을 통해 항공사를 판단한다고 생각했지만, 칼슨은 서비스 기업의 본질은 물적 자산의 집합이 아닌 개개인의 직원들이 고객에게 제공하는 서비스 품질의 합이라 강조하였다.

즉, 다시 말해 칼슨은 서비스의 전체적인 결과보다는 각 단계별 서비스의 순간 자체가 전체적인 서비스 경험의 결과에 영향을 미친다고 생각하고 직원들에게 MOT를 강조하였다.

5스타 호텔에서 느낀 MOT의 순간

12년 전, 나는 5스타 항공사의 객실승무원이 되었다. 외국에서의 삶, 멋진 유니폼과 같은 꿈을 꾸며 카타르 도하로 가게 되었다. 3개월의 신입 교육을 열심히 받았다. 그리고 첫 비행에 투입된 날 내가 중점적으로 맡게된 장소는 우리가 흔히 생각하는 비행기가 아니라 바로 비행기 내 화장실이었다. 3시간의 비행 동안 나는 매 15분마다 화장실 점검을 하였다. 그리고 화장실 두루마리 휴지 끝을 삼각형으로 접는 동작을 몇 번이나 했는지 모른다. '화장실 청소나 하려고 내가 4년제 대학을 졸업하고, 그렇게 열심히 영어 공부를 했는가?' 라는 생각이 스쳐 지나가기도 했다. 하지만 며칠 뒤, 승무원으로서 방문하게된 한 5성급 호텔에서 내가 열심히 접었던 것과 똑같은 두루마리 휴지의 삼각형을 보고 (고객의 입장으로) 이 두루마리 휴지의 삼각형 하나가 얼마나 고객에게 큰 감동을 주는지 느끼게 되었다.

왜 그 날 내가 방문했던 이집트의 5성급 호텔은 화장실 휴지 모서리를 삼각형으로 접어 놓았을까? 그리고 왜 화장실 변기 위에는 "For your protection"이라는 표시(살균 처리가 되어있음)가 있었을까? 그것은 바로 고객이 화장실에 들어선 그 순간 마저도 "우리 호텔은 고객을 여전히 케어하고 있습니다."라는 느낌이 들게 하기 위해서이다. 호텔을 방문한 고객이 직원과 함께 있는 순간뿐 아니라 직원이 없는 화장실에서도 호텔은 두루마리 휴지와 변기의 살균처리 표시를 보여주며 고객에게 만족을 전달하고 싶기 때문이다.

12년 전, 신입승무원으로 처음 시작했던 두루마리 휴지의 삼각형 접기. 내가 매니저가 된 이후론 항상 우리 비행의 후배들에게 그 날의 스토리를 이야기하며, 우리가 없는 곳에서도 고객이 '케어받고 있음'을 느끼게 하고 있다.

▲ 고객을 기분 좋아지게하는 삼각형으로 접혀진 휴지

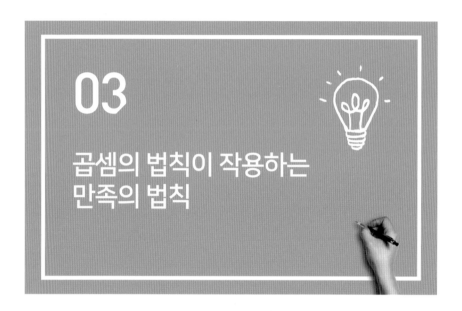

03
곱셈의 법칙이 작용하는 만족의 법칙

MOT를 서비스 현장에 투입하기 위해 다음과 같은 두가지 사항을 고려해야 한다.

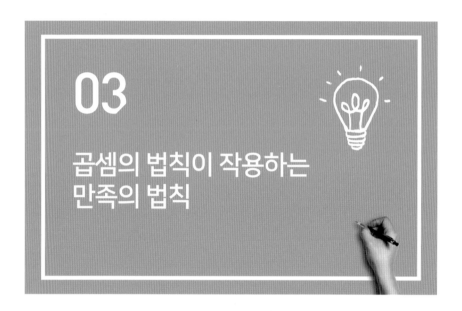 첫째, MOT 사이클 전체를 모니터·관리해야 한다.

"여러분이 J 항공의 인스타그램을 방문해 거기에 올라온 피드를 보는 그 순간도 MOT에 포함된다." 맞는 말일까? 틀린 말일까? 맞는 말이다. MOT는 서비스를 하는 순간이라고 생각하기 쉽지만 MOT는 여러분이 해당 기업의 "광고를 보는 그 순간" 또는 "주변 사람으로부터 해당 기업에 대한 이야기를 듣는 순간" 역시 직·간접적으로 고객과 기업이 접하는 순간이 될 수 있다. 이런 결정의 순간들이 하나하나 모여 서비스 품

질을 형성하게 된다.

또한, 고객의 접점에서 MOT가 중요한 이유 중 하나는 서비스품질 또는 만족도는 뺄셈의 법칙이 적용되는 것이 아닌 곱셈의 법칙이 적용된다는 것이다. 즉, 100번의 MOT중 99번의 MOT가 좋은 경험이었고, 단 1번의 경험이 부정적인 경험이라 할지라도 고객을 잃어 버릴 수 있기 때문에 기업은 MOT 사이클 전체를 관리해야 한다. 따라서 고객이 우리 기업을 방문해서 서비스를 마치고 나가는 순간까지 어느 한 곳에서라도 불만족스러운 경험을 하지 않도록 고객 접점 관리를 하는 것이 중요하다.

쉬어가는 코너

인스타그램으로 올라선 J 항공, 인스타그램에서 실망을 안겨주다.

60년의 역사를 가진 K 항공과 15년의 역사를 가진 J 항공은 규모면에서 비교가 안될 것 같지만 SNS 상에선 J 항공이 더 큰 영향력을 갖고 있다고 보는 이들이 많다. 요즘 젊은 세대가 가장 많이 사용하고 있는 인스타그램에선 K 항공은 13만 명의 팔로워, J 항공은 4개의 서로 다른 공식 계정에서 24만 명의 팔로워를 보유하고 있다. 한편 채용의 대부분 과정을 인스타그램을 통해서 취준생과 소통하던 J 항공이 많은 취준생들의 항의성 댓글을 받게 된 사건이 19년 10월 발생하게 된다. 일본과의 관계 악화, 737-MAX 이슈로 인해 당시 대부분의 항공사의 채용이 줄어들던 상황에서 J항공 기업의 사회적 의무를 다하기 위해 채용을 실시하지만, SNS를 떠돌던 오해와 각종 루머로 인해 J항공을 준비하던 취준생들에게 실망감을 주게 된다. 그에 대한 J 항공측의 공식적인 해명 역시 인스타그램을 통해 이루어졌다. 이처럼 항공사와 고객이 만나게 되는 모든 순간, 그 순간 하나하나가 기업을 흥하게도, 망하게도 할 수 있는 MOT라는 것을 잊지 말자.

둘째, MOT는 직원의 관점이 아닌 고객의 관점에서 관리해야 한다.

서비스 제공자는 자신이 해당 분야의 전문가이기 때문에 고객의 기대와 요구를 잘 알고 있을 것이라 착각하는 경우가 많이 발생한다. 아래 사례에서는 서비스 제공자의 관점과 고객의 관점이 얼마나 다를 수 있을지 잘 보여주는 사례이다.

필자가 근무하고 있는 학교의 항공서비스학과 재학생을 대상으로 우리 학교에서 제공하고 있는 교육서비스와 관련된 설문을 진행한 적이 있었다(고민환, 2019). 설문을 실시하기 전 필자는 학생들이 관심을 가질 것으로 장학금, 학교에서 지원하는 해외 연수 프로그램과 같은 물질적 혜택, 또는 학교 내 실습 시설처럼 눈으로 보이는 혜택에 학생들이 관심이 많을 것이라 예측했지만 막상 설문을 실시해 보니 학생들이 항공서비스학과의 교육서비스 가운데 가장 크게 관심을 갖는 것은 바로 "학교·교수의 공정성"이었다. 학생들에 대해 너무나 잘 안다고 생각했지만, 교수가 학생에 대해 잘 안다고 생각하는 것과 실제 학생의 입장은 다를 수밖에 없다는 것을 잘 보여준 연구였다.

이처럼 자신이 맡고 있는 업무에 따라 동일한 접점에서도 서로 다른 것을 보고 있다는 것을 알 수 있다. 따라서 MOT를 효과적으로 관리하기 위해선 항상 고객의 관점으로 생각하고, 고객의 의견에 귀를 기울일 필요가 있다. 이처럼 서비스를 제공하는 기업은 고객을 맞이할 수 있는 모든 서비스 접점을 확인하고 서비스 접점을 종합적으로 관리할 수 있는 시스템을 체계화 시켜야 한다. 수많은 순간의 서비스 접점에서 만족을 한 고객일지라도, 단 한 번의 접점에서 만족스럽지 못한 경험을 한 고객은 회사를 떠날 수 있다는 것이 MOT가 우리에게 주는 교훈이다. 직원들이 생각하는 사소한 접점 하나가 회사의 운명을 결정지을 수 있다는 것을 잊지 말자.

구분	MOT 순간	물리적 근거
비행기 탑승시	객실승무원이 고객을 처음 보는 순간	유니폼, 티켓, 비행기 준비 상태, 보딩 뮤직, 기내 조명, 기내 향기
좌석 찾기	고객의 자리 찾는 것을 도와주는 순간	티켓, 좌석, 기내 인테리어
짐 정리하기	짐 정리를 도와주는 순간	오버헤드 빈, 코트 룸
지상 서비스	읽을거리/ 음료를 제공하는 순간	스크린, 책, 음악
이륙	안전 비디오를 상영하는 순간	개인 독서등, 안전벨트
기내 식사 서비스	식사와 음료를 제공하는 순간	메뉴, 음식, 음료, 기다림, 서비스 순서, 청결, 직원의 이미지
면세품 서비스	다양한 쇼핑상품을 제공하는 순간	쇼핑 상품
서류 작성 서비스	도착시 필요한 서류를 작성하는 순간	도착시 필요한 서류
영화 서비스	영화와 음악을 제공하는 순간	영화, 모니터
휴식 서비스	필요시 콜벨에 응대하는 순간	기내 환경, 화장실, 담요, 쿠션
도착 준비 서비스	도착지 정보 제공/ 서비스 물품을 수거하는 순간	도착지 관련 정보
도착	지상 안전을 확인하는 순간	보딩 뮤직, 기내 조명, 기내 향기
하기	인사하는 순간	직원의 이미지, 기내 인테리어

출처:이지민·김연성·이동원(2010)의 연구를 수정

1회의 부정적 경험 = 10~12회의 긍정적 경험

2015년 실시된 미국의 한 서비스 컨설팅 조사에 따르면 특정 기업에 대한 고객의 부정적 경험 1회를 없애기 위해선 10~12회의 반복적인 긍정적 경험이 필요하다고 한다.

고객에게 긍정적인 경험을 전달하는 여러 가지 방법을 알아 보기로 한다.

고객의 이름을 불러주는 직원은 사랑받는다.

5스타 항공사인 카타르 항공에서 근무하며 배웠던 여러 가지 서비스 스킬 가운데 하나는 고객의 이름을 부를수록, 그 고객은 해당 기업에 더욱 충성하게 된다는 것이다. 카타르 항공은 프리미엄 클래스 이상(비지니스 클래스, 퍼스트 클래스)은 고객을 반드시 이름으로 부르게 되어있다. 이미 고객들이 탑승하기 이 전에 승무원들은 해당 좌석에 앉게 될 고객의 이름을 알고 있다. 또한, 비행기에 탑승하는 고객들의 보딩티켓을 확인하며 이때 고객들의 얼굴과 이름을 매치시킨다. 예를 들어, 고객이 비행기에 탑승하는 순간 보딩티켓을 확인하며 "고민환 고객님, 카타르항공에 오신 것을 환영합니다. 오늘 서울까지의 비행시간은 10시간 30분이 걸릴 예정입니다."라고 고객의 이름을 부르며 기내에 탑승한 것을 환영한다.

한번은 비행 중 방문하게 된 호텔에 객실에 들어갔더니 호텔 TV에 "Welcome, Mr. Ko. We hope you will have a pleasant stay " 라고 적혀 있었다. 그 날 몇 번이나 그 TV 앞에서 사진을 찍었는지 모른다. 고객을 만족시키는 수많은 방법이 있다. 그 중 하나는 고객의 이름을 불러주는 일이다.

고객에게 리액션(reaction)을 보여주자

고객이 무엇인가 이야기를 할 때, 직원이 그 이야기를 잘 듣고 있음을 보여주는 것이 중요하다. 단순히 듣고 있는 것이 아닌 고객이 보는 앞에서 고객의 이야기 또는 요청 사항을 메모하고 있는 것을 보여주는 것은 고객의 신뢰감을 받는 하나의 방법이다. 고객은 함께 대화하고 있는 직원이 얼마나 고객의 말에 주의를 기울이고 있는지에 관심이 많다. 고객의 이야기에 맞춰 고개를 끄덕여 주는 것도 고객의 신뢰를 이끌어 내는 좋은 방법 중 하나이다.

고객의 부름에 신속히 반응한다.

대부분의 바쁜 시간 대기시스템을 사용하고 있는 레스토랑들은 실제 대기예상시간 보다 2배 정도 길게 고객에게 이야기를 해준다. 만약 실제 대기 예상시간이 10분이라면, 고객에겐 대기 시간이 20분이라고 이야기를 한다. 하지만 10분 뒤에 레스토랑에 입장을 하게 된다면 빠른 서비스를 받게 되어 고객의 만족도는 상승하게 된다. 이처럼 고객의 신뢰를 이끌어주는 또 하나의 방법은 바로 최대한 빠르게 응답하는 것이다.

고객에게 일관성 있는 서비스를 제공한다.

서비스를 제공하는 기업에서 계속해서 똑같은 수준의 교육을 반복하는 이유는 동일한 품질의 수준 높은 서비스를 고객에게 제공하기 위해서이다. 여기서 이야기하는 동일한 품질의 서비스는 똑같은 서비스라기 보단, 고객의 니즈와 상황에 따라 어느 정도의 변화는 줄 수 있지만 모든 고객들에게 제공되는 서비스는 동일해야 한다는 것이다.

대부분의 항공사는 비행 중 좌석 업그레이드를 하지 않는다. 즉, 이코노미 클래스의 고객이 "퍼스트클래스로 옮겨 달라."고 이야기를 해도, 비행 중엔 옮겨 주지 않는다. 혹시나 이번 경우에 좌석을 옮겨 주었을 때, 이 고객이 다음 비행에 가서 또 좌석을 업그레이드 해달라고 할 수 있기 때문이다. 물론 예외 상황도 있긴 하다. 이코노미 클래스에서 한 고객분이 정신을 잃었다고 가정해 보자. 하지만 현재 이코노미 클래스는 빈 공간이 없고, 퍼스트 클래스는 단 한명의 고객도 없다. 그럼 대부분의 사무장은 고객의 안전을 위해서 해당 고객이 정신을 차릴 때까지는 퍼스트 클래스의 여유 공간으로 옮겨서 고객의 회복을 도울 것이다. 이처럼 서비스를 제공하는 입장에선 항상 고객을 이해하고, 고객의 입장에서 서비스를 제공할 수 있도록 신경써야 한다.

고객과 마주치는 모든 순간 고객에게 만족이라는 경험을 선사하기 위해 가장 중요한 것은 각 접점을 정확히 알고 있어야 한다는 것이다.

첫째, 우리 항공사의 광고를 고객이 접하는 순간부터 또는 인스타그램과 유튜브와 같은 SNS를 통해 우리 항공사를 접하게 되는 그 시간부터 고객과 항공사가 만날 수 있는 MOT 임을 정확히 안다.

둘째, 각 접점의 순간에서 직원의 입장이 아닌 고객의 입장이 되어 느끼게 될 감정과 우리 항공사에 대한 인상에 대해 확인하도록 한다. 이 과정에서 가장 좋은 방법은 실제 내가 고객이 되어 우리 항공사의 서비스를 경험해 보는 것이다.

셋째, 앞선 접점 분석을 통해 도출된 결과를 바탕으로 실제 고객에게 더 나은 만족을 줄 수 있는 방법을 도모한다. 이 때는 단순히 객실승무원의 입장 뿐만 아닌 매니저, 경영자의 입장을 모두 고려하여 즉, 비용적인 측면 역시 고려하여 기업에 가장 효과적이며 효율적인 결과를 도출할 수 있는 방안을 제시해야 한다.

넷째, 고객에게 제공되는 서비스가 고객의 입장에서 긍정적인 반응을 얻고 있는지 설문을 통해 확인할 수 있도록 한다. 혹시나 기업에서 예측한 것과는 반대로 결과가 나올 경우 다시금 접점에서의 서비스를 분석하여 고객의 실질적인 니즈를 검증할 수 있도록 한다. 한 번의 큰 변화로 모든 고객이 만족하는 서비스를 만들어 낼 수는 없다는 것을 명심하자.

04

MOT를 결정짓는 3대 요인

MOT를 결정짓는 요인을 크게 3개로 나누어 하드웨어, 소프트웨어, 휴먼웨어로 나누는 학자들도 있고, 인간적 접점인 휴먼웨어와 비인간적 접점인 하드웨어와 소프트웨어로 나누는 학자들도 있다.

💡 하드웨어-시설 접점

시설과 설비가 고객에게 어떠한 편안함을 제공하고 있는지를 의미하며, 고객이 보고 듣고 경험하는 그 환경을 의미한다.

EX 공항 시설, 기내 음식, 기내에서 제공되는 어메니티 등

알고가기 **물리적 증거**

시설 접점의 사례로 물리적 증거(Physical evidence)를 예로 들 수 있다. 물리적 증거는 서비스가 전달되고 고객과 직원의 상호작용이 이루어지는 환경을 의미한다. 더 간단히 이야기해서 서비스를 받을 때 우리가 눈으로 볼 수 있는 모든 것이 물리적 증거이다. 물리적 증거는 서비스 스케이프(Service scape)라고도 하며 이는 물리적 환경과 비 물리적 환경으로 나누어 진다.

물리적 증거	상세 구분	예 시
물리적 환경	외부 환경	비행기, 공항, 주차장, 주변환경, 공항철도
	내부 환경	기내 시설, 기내식, 기내 온도, 기내 조명
비 물리적 환경	기타 환경	승무원 유니폼, 보딩티켓, 홈페이지, 기내 특화서비스

출처: 김인주(2008), 김화진(2016)의 선행연구를 수정

소프트웨어-시스템 접점

하드웨어의 측면의 반대 개념으로 고객이 서비스를 하는 동안에 실질적으로 접하게 되는 운영 시스템, 업무처리 절차 등을 의미한다.

EX 대기시간, SOP, 기내 식음료 서비스 등

휴먼웨어-인적 시스템 접점

고객을 접하는 직원의 태도, 말투, 자세처럼 인간이 행하게 되는 것을 의미한다.

EX 승무원의 표정, 태도, 말투, 복장 등

다음은 여행을 위한 고객이 항공티켓을 예약하며, 비행기를 이용하는 순간을 그 접점에 따라 구분한 사례이다.

접점구분	휴먼웨어	하드웨어 + 소프트웨어
항공티켓 예약	• 문의 응대를 받는 직원이 친절하다. • 고객의 질문에 자세한 답변을 한다.	• 티켓 예약과 관련된 질문을 물어볼 수 있는 게시판이 찾기 쉽다. • 궁금증이 있어 통화를 시도했더니, 벨이 울리고 3번 만에 직원이 응답한다.
공항 도착/ 발권	• 티켓을 발권하는 지상직 승무원들이 친절하다. • 고객에게 적극적이고 따뜻한 인사를 한다.	• 공항 입구는 넓고 깨끗하며, 주차장을 찾기 쉬운 편이다. • 발권 데스크는 접근하기 용이한 곳에 있다. • 발권을 도와주는 무인 기계가 설치되어 있다.
기내서비스	• 객실승무원은 식사서비스 제공 시 환하게 웃으며, 서비스를 제공한다. • 객실승무원의 말하는 태도는 공손하다.	• 기내 환경은 깨끗하다. • 기내 엔터테인먼트 시스템은 사용이 편리하게 되어 있다. • 식사시 제공된 메뉴판은 알아보기 쉽게 되어 있다.
하기	• 하기시 기내 서비스를 이용하며 불편한 점이 없었는지, 다시한번 여쭙고 환하게 인사한다.	• 하기시 기내에선 밝은 BGM과 함께 기내방송으로 고객에게 항공사 이용에 대한 감사의 말을 전달한다.

출처:이지민·김연성·이동원(2010)의 선행연구를 수정

커뮤니케이션 없는 서비스는
망하는 기업의 첫 번째 조건이다.

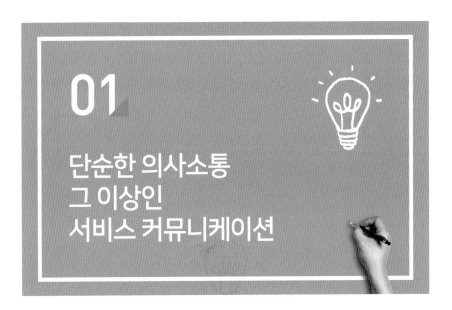

01

단순한 의사소통 그 이상인 서비스 커뮤니케이션

표준 국어 대사전에서 커뮤니케이션은 사람들끼리 서로 생각, 느낌 따위의 정보를 주고받는 일로서 말이나 글, 그 밖의 소리, 표정, 몸짓 따위로 이루어지며, '의사소통', '의사전달'로 표현되고 있다. Cambridge dictionary에선 메시지나 정보를 한 장소에서 다른 장소로 나르는 것이라고 정의하고, Longman dictionary에선 커뮤니케이션은 사람이 정보를 교환하거나 자신의 느낌이나 감정을 교환하는 과정이라 설명했다.

대화를 통한 설득의 과정은 다음 표와 같은 과정을 통한다. 즉, 출처에서 시작한 메시지가 전달매체를 거쳐, 수신자에게 전달되고 이 메시지가 피드백을 일으키는 과정을 커뮤니케이션 과정이라 설명하였다. 출처는 메시지를 제공 또는 전달하는 개인이나 집단으로 출처는 신뢰성, 진

출처: 양윤(2014)의 선행연구를 수정

실성, 신체 매력, 태도의 특징을 갖고 있다.

출처의 신뢰성은 출처가 전문적 지식을 갖고 있을 것이라 수신자들이 느끼는 정도를 의미한다. 또한, 출처의 진실성이 높을수록 출처의 신뢰성은 더 인정 받게 되는데, 객실승무원이 항공서비스에서 이루어지는 서비스에 대해 설명하는 것과 일반인이 항공서비스에 대해 설명하는 것 중 어떤 것이 더 신뢰성이 높다고 느껴지겠는지 생각해 보자. 또한, 출처의 신뢰성을 결정하는 다른 요인은 진실성이다. 진실성은 커뮤니케이션의 출처가 편파적이지 않으며, 정직하게 정보를 제공한다고 믿는 정도를 의미한다. 요즘 들어 유튜브상 가짜뉴스가 많이 등장하고 있는데 이런 경우는 출처의 진실성이 낮아지기에 해당 출처는 신뢰성이 낮아질 수 밖에 없고, 결과적으론 커뮤니케이션의 설득 효과도 낮아질 수 밖에 없다.

출처의 신체 매력은 광고세계에서 흔하게 볼 수 있다. 대부분의 연구 결과에서 매력적인 외모를 갖고 있는 사람은 평범한 외모를 갖고 있는 사람보다 광고분야에서 더 주목받게 된다. 출처의 태도는 정보를 받아들이는 수신자가 정보의 출처에 대해 갖게 되는 긍정적 또는 부정적인 감정의 상태를 의미한다. 커뮤니케이션을 받아들이는 청중의 욕구를 충족시켜주는 정도에 따라 출처의 호감성이 결정될 수 있고, 또한, 청중과 출처가 유사한 신념을 갖고 있을 경우 출처에 대한 긍정적 태도는 높아지게 된다. 매체는 메시지를 전달하는 도구를 의미하며, 수신자는 모든 메시지를 자신이 갖고 있는 인구통계학적, 사회문화적 특성과 경험에 근거하여 메시지를 해석하려는 경향이 있다. 또한 이와 같은 설득의 커뮤니케이션 과정은 피드백 과정을 거쳐 다시 출처로 돌아가는 순환 과정을 반복하게 된다.

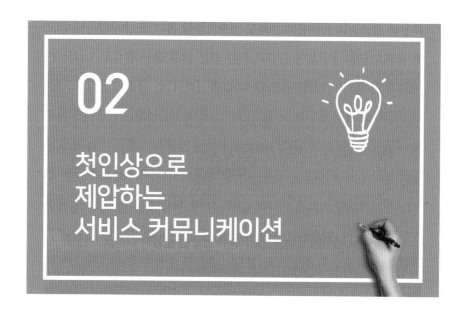

02

첫인상으로
제압하는
서비스 커뮤니케이션

객실승무원은 승객이 비행기에 탑승했을 때 처음으로 만나게 되는 항공사의 직원으로 객실승무원의 이미지가 곧 해당 항공사의 브랜드 이미지와 그대로 연결될 수 있기에, 항공사에서는 객실승무원 선발에 더욱더 힘을 쏟고 있다. 또한 처음에 한 번 잘못 각인된 첫인상은 바꾸기가 어렵기 때문에 첫인상의 중요성은 더욱 크다고 말할 수 있다. 첫인상은 객실승무원과 승객이 최초로 만나게 되는 순간이자 상대방에 대한 호불호를 결정하고, 자신의 이미지를 상대방에게 전달할 수 있는 순간이기도 하다. 이러한 첫인상은 사회적 상호작용과도 연관이 있으며, 시간이 지난 뒤 상호 작용의 결정요인이 될 수 있기에 첫 만남의 자리에서 긍정적인 첫인상을 만들어 주는 것이 중요하다.

로렌스의 새끼 오리 실험은 첫인상의 중요성을 잘 설명하고 있다. 새끼 오리는 부화한 순간부터 8시간에서 12시간 정도 함께 있어준 사람을 따라다니는데, 그 이유는 처음 보았던 그 사람을 엄마 오리로 각인하기 때문이다. 이처럼 인간사회는 물론이고, 동물사회에서도 첫인상 또는 초기의 관계가 후에 일정한 관계를 형성하는데 상관관계가 있음을 알 수 있다.

 필수이론 첫인상의 특징

- 일회성 : 첫 만남에서 만들어진 첫인상은 평생의 기억에 남으며, 쉽게 변화하지 않는다
- 일방성 : 첫 눈에 보이지 않는 내면의 모습은 볼 수 없고, 눈 앞에 보이는 모습만을 통해 타인을 평가하게 되고 그에 따라 일방적으로 첫인상을 결정짓게 된다.
- 신속성 : 첫인상이 전달되는 그 순간은 아주 짧은 순간이다.
- 연관성 : 받아들이는 개개인의 연상을 통해 첫인상이 형성되기에 상당히 주관적이라 할 수 있다. 실제의 인물과는 다른 사람을 떠 올릴수도 있고, 평상시 머리 속에 생각하고 있던 다른 정보와 헷갈려 전혀 다른 첫인상을 입력할 수도 있다. 이런 오류가 발생할 수 있다는 것을 명심하고, 첫 만남에서 자신이 다른 사람에게 어떻게 보이는지에 대해 신경을 쓰는 것이 필요하다.

첫인상의 중요성

잡코리아는 인사담당자 351명을 대상으로 한 설문조사에서 구직자 면접에서 받은 인상을 평가에 반영하고 있는 인사담당자가 95.7%라고 밝혔고, 면접에서 첫인상이 차지하는 비중은 평균 57.1%로 답하였다. 또한 첫인상의 비중이 80%이상이라고 답한 응답자 역시 19.4%나 되었고, 첫인상의 비중이 70%이상이라고 답한 응답자도 21.1%에 달했다. 또한, 이런 첫인상을 결정하는 가장 큰 요인으로 눈빛, 자세와 태도, 말하는 내용 등으로 나타났다.

SMAT CS LEADERS 필수이론 첫인상과 관련된 심리적 효과

초두효과 (Primary effect)

초두 효과는 처음에 제시된 정보가 나중에 제시된 정보보다 훨씬 더 크게 기억에 영향을 끼친다는 심리 현상을 의미한다. 즉, 먼저 받은 정보가 이미지 형성에 더 큰 영향을 준다는 개념으로 첫인상의 중요성에 대해 잘 설명하고 있는 심리학 이론이다.(네이버 사전)

"미소짓는 승무원은 지적이고, 근면하고, 강인하고, 노력파이다."

"미소짓는 승무원은 질투가 많고, 근면하고, 강인하고, 노력파이다."

단지 첫 단어만 바뀌었을 뿐인데 이 이야기를 듣는 사람은 미소짓는 승무원에 대해 전혀 다른 이미지를 갖게 된다. 먼저 긍정적인 말을 들었는지, 또는 부정적인 말을 들었는지에 따라 그 사람에 대해 갖게되는 인상이 전혀 달라지게 되는데, 이것이 바로 초두효과 때문이다. 초두효과의 원인은 일관성을 유지하기 위해서이다. 사람들이 일관성을 유지하기 위해, 처음 받았던 이미지와 나중에 받았던 이미지가 일치하지 않으면 그 새로운 정보를 바꾸거나 제거하려 하기 때문이다. 따라서 평상시 좋은 이미지를 갖고 있는 동료 A가 비행에 갑자기 빠지게 되면 "몸이 좋지 않아서 그랬을거야." 라고 긍정적인 쪽에서 생각을 하지만, 평상시 나쁜 이미지를 갖고 있는 동료 B가 갑자기 다른 동료에게 잘해주는 것을 보면 ""무슨 사고를 쳐놓고, 수습하려고 잘해주는거 아닌가?"라고 긍정적인 정보조차 부정적인 정보로 바꾸려고 하는 것이 초두효과이다.

최근 효과(Recency effect)

초두효과와 반대되는 이론인 최근효과는 최근에 들어온 정보가 기억이나 인상을 형성하는데 있어 예전 정보보다 훨씬 더 중요하게 작용한다는 심리이론을 말한다. 또한, 대부분의 학자들은 초두효과와 최근 효과가 동시에 발생한다고 말하기도 한다. 일반적으로 초두효과가 더 크게 작용하지만 첫인상의 효과가 그저 그랬거나, 시간의 흐름으로 인해 첫인상의 기억이 크게 남지 않았을 경우 초두 효과 보다는 최근 효과가 더 강하게 영향을 끼치는 경우도 있다. 따라서 전달하려는 정보가 많을 때는 중요한 정보를 마지막에 전달 하는 것이 좋다.

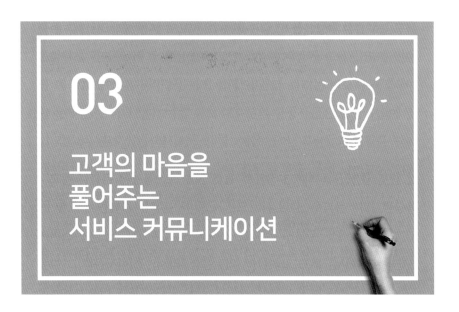

03

고객의 마음을
풀어주는
서비스 커뮤니케이션

1 신입직원이 대표님 이름을 그대로 부르는 제주항공

호칭은 특정인을 가리키는 표현이며 대부분의 서비스 현장에서는 고객님, 손님으로 부르지만, 최상위 서비스를 제공하는 곳에선 고객의 이름을 그대로 사용하기도 한다. 예를 들어 5스타 항공사 카타르항공에서는 고객을 부를 땐 "Madam" 또는 "Sir"로 고객을 부르지만, 비즈니스 클래스나 퍼스트 클래스와 같은 상위 클래스에선 무조건 고객의 이름으로 부르는 것이 내부 서비스 규정이다. 그리고 일상 생활 속에서는 이름이나 직위 등을 붙여서 사용한다.

구 분	호 칭	비 고
서비스 현장	고객님, 손님	서비스 현장에서 일상적으로 쓰임
	Sir, Madam	고급스러운 서비스를 제공할수록 이름을 부르는 경향이 있다
	Mr. Ko	
직책이 있는 경우	고 선생(님)	상사일 경우/ 하급자일 경우"님"을 뺀다
직책이 없을 경우	고민환씨	보통 후배 직원일 경우도 이름으로 부르는 경우가 많다.

최근 들어 호칭에 대한 변화가 일어나고 있다. 2000년대 초반 삼성그룹은 수평적인 관계를 조성하기 위한 첫 단계로 직원들 사이에 호칭을 업무에 따라 '님', '프로', '선후배님'으로 부르기 시작했다. 마찬가지로 제주항공에서는 지난 2018년부터 모든 임·직원들 사이에 호칭을 '님'으로 통일했다. 실제로 제주항공의 채용설명회를 가보면 "우리는 대표님을 부를 때 이석주님이라고 부릅니다."라고 기업문화를 설명하는 것을 종종 들을 수 있다.

이런 기업 내에서의 호칭의 변화는 호칭이 기업 문화를 결정하는 하나의 요인이 될 수 있음을 의미하는 것이다. 실제로 20년 전 있었던 모 항공사의 추락 사고의 원인 중 하나는 호칭과 관련이 있는 것으로 알려져 있다. 당시 기장과 부기장 사이의 연공 서열과 존칭 때문에 부기장이 기장의 잘못된 의사결정을 제대로 지적하지 못했던 것이 사고의 원인으로 이야기되고 있다.

2 안녕하십니까? vs 안녕하세요? 다까체와 요조체는 무엇이 다른가?

서비스 현장에서는 다까체와 요조체를 적절히 사용하고 있는데, 보통 70%의 다까체와 30%의 요조체를 섞어서 사용하고 있다. "~입니다. ~

입니까?"와 같은 다까체는 형식적이라는 느낌을 줄 수 있지만 대신 정중한 느낌을 전달할 수 있고, "~에요. ~죠."와 같은 요조체는 부드러운 느낌을 줄 수 있지만 너무 많이 사용한다면 덜 성숙한 느낌으로 신뢰감을 떨어트릴 수 있다. 그래서 상황에 맞춰 음성이 가벼운 사람은 "다까체"를 더 많이 사용하고, 음성이 무거운 사람은 "요조체"를 조금 더 많이 쓰는 것이 좋다. 과거의 항공사 기내방송 같은 경우는 다까체만을 사용했지만 최근 들어 일부 항공사에선 더 친근한 분위기를 주기 위해 다까체와 요조체를 섞어서 사용하는 경우도 있다.

적절한 다까체와 요조체의 사례

- 다까체 : 고객님, 마음에 드는 면세품이 있으십니까? / 네, 립밤 말씀이십니까?
- 요조체 : 고객님, 마음에 드는 면세품이 있나요? / 네, 립밤 말씀이시죠?

3 남이 시킨 일 vs 내가 스스로 하는 일, 절대 같을 수 없다(레어드 화법)

똑같은 일을 하더라도 남이 시킨 일과 나 스스로 하는 일은 전혀 다르게 느껴진다. 레어드 화법은 이런 사람의 심리를 감안한 화법으로 반발감이나 거부감이 들기 쉬운 명령조의 말이 아닌 의뢰나 질문을 하는 형식으로 이야기하는 부드러운 말하기 화법이다. 명령문을 의뢰형이나 질문형으로 바꾸는 것이라 생각하면 된다.

예를 들어, "이렇게 하세요."(명령)를 "이렇게 한 번 해보는건 어떨까요?"(의뢰형, 질문형)로 "기다려 주세요."(명령)를 "죄송하지만 잠시만 기다려주시면 감사하겠습니다."처럼 부드러운 표현으로 바꾸는 것을 볼 수 있다.

- 고객님 죄송하지만 지금 터뷸런스가 예상되기에 잠시만 화장실 사용을 자제해 주시겠습니까?
- 고객님 죄송하지만 잠시만 기다려 주시겠습니까?

④ 미안하다고 말해놓고 시작하면 더 좋은 분위기를 연출할 수 있다(쿠션화법)

영어권에선 Excuse me, 프랑스에선 Bonjour라고 시작하고 말을 거는 것처럼 쿠션화법은 단도직입적으로 이야기하는 것이 아니라 일단 미안한 마음을 보여주고 대화를 시작하는 방법으로 특히 고객의 요청사항을 들어줄 수 없는 상황에서 반드시 사용해야할 의사소통 방식 중 하나이다.

🌀 적절한 쿠션화법의 사례

- 번거로우시겠지만, 보딩티켓을 다시 한 번 확인해도 괜찮으시겠습니까?
- 실례합니다만, 좌석 번호를 다시 한 번 확인해도 괜찮으시겠습니까?
- 죄송합니다만, 안전벨트 착용 여부를 다시 한 번 확인해 주시겠습니까?
- 괜찮으시다면, 창문 덮개를 닫아도 괜찮을까요?

⑤ 무반응의 소개팅남 VS 내 말에 웃어주는 소개팅남, 누구와 잘 될 가능성이 높을까? (맞장구 치기)

대화를 하며 상대의 호감을 살 수 있는 가장 기초적인 요령은 상대방이 하는 이야기를 관심있게 들어주고, 리액션을 보여주는 것이다. 여러분이 소개팅 나간 순간을 떠올려보자. 내가 무슨 말을 하던 내 말에 웃으며 호응을 하는 A와 반대로 아무리 재미있는 말을 해도 반응이 없는 B. 당신은 누구에게 더 호감이 가는가?

호감을 주는 리액션(맞장구 치기)의 사례

구 분	내 용
가벼운 맞장구	"그렇습니까?" "저런" "아~"
동의	"정말 그렇겠군요." "과연"
재촉	"그래서 어떻게 되었습니까?"
정리	"그 말씀은 ~ 라는 것이지요?"
몸짓	고개를 끄덕이며, 갸우뚱하며

6 무조건 긍정적으로만 이야기한다 (긍정 전달 화법)

똑같은 의미를 전달하더라도 기왕이면 부정적인 표현을 없애고, 긍정적인 표현을 전달한다. 특히, 면접장에서는 부정적 표현은 무조건 긍정적 표현으로 돌려서 이야기 할 수 있어야 한다.

적절한 긍정 전달 화법의 사례1

- 면접관 : 어떤 타입의 선배와 일하기 싫어하나요?
- 지원자 B : 저는 자기 주장만 앞세우는 선배와 근무하는 것을 싫어합니다. (적절치 못한 답변)
- 지원자 A : 저는 어떤 타입의 선배와 일하는 것도 즐겨합니다. 하지만 자기 주장만 앞세우는 선배와 근무할 때 조금은 마음이 편치 않았던 기억이 있습니다. (적절한 답변)

적절한 긍정 전달 화법의 사례2

- 질문 : 지금 화장실 써도 되나요?
- 답변 : 지금은 화장실을 사용하실 수 없습니다. (적절치 못한 답변)

    죄송합니다만 고객님의 안전을 위해서 지금은 사용이 곤란합니다. (적절한 답변)
- 질문 : 호텔 객실에서 흡연 가능 한가요?
- 답변 : 객실 내에서 흡연은 금지되어 있습니다. (적절치 못한 답변)

    죄송하지만 흡연은 호텔 1층의 흡연실에서 가능하십니다. (적절한 답변)

 **커뮤니케이션의 4가지 특징**

1. 커뮤니케이션을 통해 인간은 서로의 존재를 확인한다

커뮤니케이션은 해당 대화에 참여하는 사람들 간의 존재를 확인함으로써 시작된다.
혼자서 커뮤니케이션을 수행할 수 없다.

2. 커뮤니케이션은 다양성을 갖는다.

1개의 메시지가 전달되더라도 이것을 듣는 사람에 따라 각각의 메시지가 다르게 전달된다.
커뮤니케이션으로 전달되는 메시지는 각각 다르게 해석된다. 본능적인 커뮤니케이션(아픔, 배
고픔, 즐거움)과 같은 커뮤니케이션은 공통적으로 이해될 수 있지만, 생각 또는 느낌은 사람에
따라 다르게 느껴질 수 있다.

3. 커뮤니케이션이 발생되는 주변 상황은 중요하다.

똑같은 커뮤니케이션이 진행되더라도 현재 처한 상황에 따라 서로 다르게 받아질 수 있다.
42km마라톤을 하고 있는 사람과 사무실에 앉아있는 사람에게 "물 한잔 드세요." 라는 말은 전
혀 다르게 들릴 수 있다.

4. 커뮤니케이션은 인류의 약속이다.

문명이 발생한 이래 인간은 오랜 기간 특정 대
상을 지칭하는 공통의 약속을 만들어 사용해 왔
다. 여러 가지 상징들이 일정하게 체계화되고,
형태를 이루어 나타난 것이 언어의 형태이다. 커
뮤니케이션(언어)은 상징을 표현하는 대표적인
형태이다.

집단 속에서의 커뮤니케이션의 유형은 집단 구성원 간 이루어지는 정보교환의 흐름에 따라 아래 5가지 모형으로 구분된다.

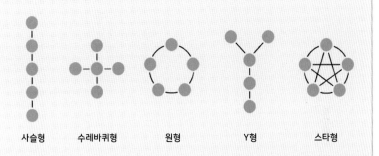

| 사슬형 | 수레바퀴형 | 원형 | Y형 | 스타형 |

사슬형

사슬형에서 이루어지는 커뮤니케이션은 조직의 위·아래 간 수직 커뮤니케이션이다. 사슬형은 명령과 권한의 체계가 명확한 공식적인 조직에서 사용되는 커뮤니케이션 방식으로, 조직의 라인이 가장 대표적인 수직 커뮤니케이션의 방식이라 볼 수 있으며, 군대에서의 일상적인 커뮤니케이션 방식을 떠올리는 것이 가장 이해하기 쉬울 것이다. 일원화 되어있는 소통 방식을 통해 최고경영자의 의사가 가장 아래 층의 직원에게까지 빠르게 전달 가능하다. 하지만 사슬이 길면 길어질수록 정보가 왜곡될 수 있는 가능성 역시 커지게 된다.

수레바퀴형

조직 안에 중심적인 인물이 존재하고 있을 때 수레바퀴형의 커뮤니케이션이 발달한다. 즉, 조직 안의 구성원들이 특정 중심 인물을 가운데 놓고 커뮤니케이션이 집중되는 방식이다. 이런 유형의 커뮤니케이션은 빠르게 정보수집이 가능하며, 중심 인물을 놓고 정보를 빠르게 종합 및 공유할 수 있지만, 문제의 성격이 복잡할 경우에는 수레바퀴형의 장점을 활용하기 힘들다는 단점이 있다. 즉, 조직의 리더가 잘못된 결정을 하게 될 경우 조직 전체에 크게 영향을 미칠 수 있다. 또한, 수레바퀴형은 리더에게 너무나 많은 정보와 힘이 집중되기에, 반대로 구성원들 간에는 정보공유가 되지 않는다는 단점이 있다.

원형

　원형은 집단 속에 특별한 서열이 없는 경우 발생하는 커뮤니케이션의 형태로, 중심 인물이 없고, 커뮤니케이션이 구성원들 사이에서 전달되는 커뮤니케이션의 유형을 의미한다. 자유 방임적 상태에서 일하는 구성원, 또는 지역적으로 구분되어 있는 곳에서 근무하는 구성원들 사이에 흔하게 발생된다.

Y형

　Y형은 수레바퀴형처럼 확실한 중심적 인물은 없다. 하지만 대다수의 구성원을 대표하는 리더가 존재하고, 라인과 스탭이 혼합되어 있는 집단에서 흔하게 발생하는 커뮤니케이션의 방식으로, Y형은 그룹의 리더가 보통 커뮤니케이션의 중심역할을 수행하게 된다.

스타형

　가장 이상적인 조직의 커뮤니케이션의 형태를 보여주고 있으며, 구성원 사이의 정보교환이 가장 바람직하게 이루어지는 형태이다. 구성원 모두의 정보가 교환되고 있기에 수레바퀴형에 비해 전체적인 상황파악과 실제 문제 해결을 위한 시간은 더 걸리지만, 정확성이 요구되는 문제에 가장 효과적이며 구성원의 만족도가 가장 높게 나타나는 커뮤니케이션 방식이다.

출처: 신유필(2011), 박상범 외 2명(2014), 백기복(2006)의 선행연구를 수정

유튜브로 알려주는
항공사 롤플레이
123문제

불평만 하는 고객을
당신 편으로 만드는 기술이 있다면?

01

불만이란
무엇일까?

불평은 "마음에 들지 아니하여 못마땅하게 여기거나 못마땅한 것을 말이나 행동으로 드러냄"이라 정의한다(표준국어대사전). 캠브릿지 사전에선 컴플레인을 무엇이 잘못되었거나 충분하지 않다고 말하는 것이라 정의 했고, 클레임은 어떤 것이 옳다는 것을 말하는 것 또는 요구하는 것이라 정의한다(Cambridge dictionary).

클레임과 컴플레인의 가장 큰 차이점은 그 원인을 이야기할 때 "인간 의 심리가 포함되어 있느냐? 포함되어 있지 않느냐?"에 따라 나눌 수 있 다. 다시 말해 클레임은 비행기가 스케줄상 표시된 제 시간에 출발하거 나 도착하지 못했거나 제공되어야 할 기내식이 제공되지 못한 경우 고객 이 문제 제기를 함으로써 해당 항공사는 보상과 같은 해결책을 제시해 줘야 하는 상황을 의미한다. 하지만 컴플레인은 고객의 주관적인 평가(심리적 상태에 따라)를 바탕으로 발생한 경우를 이야기한다. 예를 들어 고객의 입장에서 봤을 때 객실승무원이 친절하지 않다거나, 객실승무원의 태도가 공손하지 못하다와 같이 고객이 주관적인 입장에서 느끼는 불만족을 이야기 한다. 이러한 컴플레인과 클레임을 해결하기 위해선 가장 먼저 고객이 어떤 것에 만족하지 못하는 지를 파악하는 것이 우선시 되어야 할 것이다.

02.

불만 고객의
불만 발생 원인 찾기

    Oliver가 이야기한 것처럼 대부분의 불만은 기대치와 실제 성과의 차이에서 발생한다. 즉, 고객이 기대하고 있는 수준이 높은데, 실제 제공된 서비스의 결과가 낮을 경우 고객 불만족은 발생할 수 밖에 없다. 고객의 불만족이 발생하는 원인으로 여러 가지가 있지만 크게 기업의 문제, 고객의 문제, 직원의 문제로 나눌 수 있다. 이 세 가지 중 가장 큰 원인으로 지적받는 것이 바로 고객과 가장 접점에서 마주하는 직원의 문제이다. 특히, 직원의 공손하지 못한 태도, 책임감 없는 태도, 도움을 주려하지 않고 규정만 강조하는 태도와 같은 사례들에서 고객 불만족이 크게 발생하는 것을 볼 수 있다. 그럼에도 불구하고 대부분의 직원을 대상으로 한 고객 불만족의 원인을 찾는 설문조사 결과 직원들은 고객 불만족의 원인을 기업의 문제, 또는 고객의 문제라고 응답하는 경우가 많았다. 이러한 차이는 실제 고객의 불만족이 처음 발생하게 된 경우는 기업의 문제(비행기의 딜레이, 서비스 제공되지 않음)가 주 원인이었지만, 이를 직원이 대처하는 과정에서 직원의 태도에 따라 고객은 불만족의 원인을 직원의 태도로 넘겨버리는 심리적 변화과정이 생기기 때문이다. 결과적으로 기업의 작은 문제로 인해 불만이 시작된 고객 불만족은 나중에 가서는 그 기업 전체와 직원에 대한 심리적 반감으로까지 생겨나게 된다. 실제로 승객으로 여행하던 중 좌석 배치와 같은 작은 불평 하나가 잘못된 직원의 대처로 인해 고객은 마음에 상처를 입고, 더 큰 문제로 번지는 과정을 본 기억이 있다.

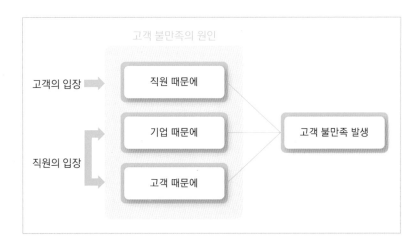

또한, 고객의 불만 발생시 고객은 공식적인 방법 또는 사적인 방법으로 불만을 제기하거나 아예 불만 자체를 하지 않는 경우도 많이 발생한다. 공식적인 불만 제기의 방법으로는 해당 항공사의 고객관리 부서에 메일을 보내거나 직원에게 바로 불만을 제기하는 상황이 있을 수 있고, 또는 가족이나 친구에게 "해당 기업을 이용하지 않겠다."고 말할 수 있

다. 그리고 소비자센터나 시민단체와 같은 조직을 통해 자신의 불만을 표출하는 방법이 있을 수 있다. 하지만 더 심각한 상황은 불만을 제기하지 않는 고객이라 할 수 있다. 이들은 공식 루트를 활용하지 않고 제3자에게 해당 기업에 대해 부정적인 구전을 퍼트리고, 해당 기업에 대한 부정적 태도를 갖게 되고 대부분의 경우 그 기업과의 관계를 끊고 결과적으론 주변의 제3자에게까지 해당 기업에 대한 부정적인 구전(word of mouth)을 하게 된다. 특히 요즘처럼 SNS를 통해 개인의 의견이 쉽게 퍼지는 사회에서는 이런 부정적인 케이스는 더욱 빠르게 퍼지게 되어 있다.

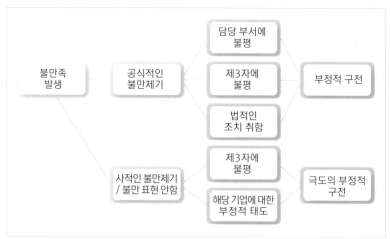

출처: 이유재(2002), 이유재·공태식(2005), 라선애·이유재(2015)의 선행연구를 수정

"버스가 지나간 뒤에 손을 흔든다"

이미 일을 그르친 뒤에는 제 아무리 후회해도 소용이 없다는 표현이다. "사후약방문"이라는 표현을 사용하기도 한다. 이와 비슷한 상황이 서비스 현장에서도 종종 발생한다.

미국의 유명한 물류회사인 페덱스(Fedex)의 기업 메뉴얼에는 1:10:100의 법칙이 존재한다. 이는 개발단계에서 문제점을 확인해 해결하면 1의 비용이 들지만, 생산단계로 넘어간 뒤 이를 해결하려고 하면 10의 비용이 들고, 불량제품이 고객에게 판매된 이후 이를 되돌릴려고 하면 100의 비용이 들기에, 초기 단계에서의 실수를 처리하는 것이 중요하다는 것을 강조하고 있는 이론이다.

이 페덱스의 1:10:100의 법칙은 사실 안전과 관련해서 많이 쓰이고 있는 하인리히(1931)의 1:29:300의 법칙(Heinrich pyramid)에서 변형된 법칙이다. 하인리히 법칙은 산업현장에서 발생되는 안전 재해와 관련된 법칙으로, 1명의 중사상 사고가 발생하면, 그 전에 같은 원인으로 발생한 경상자가 29명 그리고 같은 원인으로 부상을 당할 뻔한 잠재적인 부상자가 300명이 있다는 이론으로 산업재해는 우연한 사고에서 발생하는 것이 아닌 사고가 발생할 충분한 개연성이 있었던 경미한 사고가 계속해서 반복되는 과정에서 생기며 이를 예방하기 위해 안전사고의 징후들을 초기에 막는 것이 중요함을 강조하고 있다. 이 하인리히의 법칙을 서비스에 적용시킨 것이 바로 페덱스의 1:10:100의 법칙이다.

버스가 지나간 다음에 아무리 손을 흔들어도 소용이 없는 법이다. 고객과의 문제가 발생했을 때 잘못된 기업의 초기 대처는 고객의 신뢰를 잃게 하고, 그 결과 기업은 작은 문제 하나를 스노우볼(Snow ball)처럼 커지게 만들어 버린다. 그리고는 해당 기업은 돌이킬 수 없는 경영위기에 직면하게 될 것이다. 그리고 그것은 결국 해당 기업에게 돌이킬 수 없는 경영 위기로 다가오게 될 것이다.

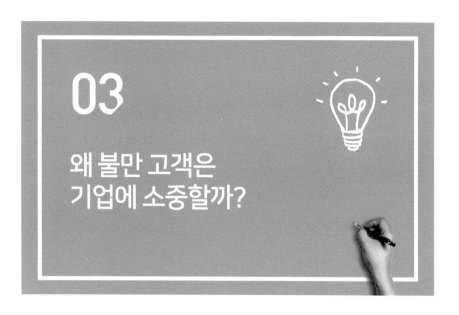

03

왜 불만 고객은
기업에 소중할까?

🗂 불만 고객을 바라보는 기업의 입장

　불평하는 고객을 향해 흔히들 "빙산의 일각"이라는 표현을 많이 쓴다.
TARP 보고서에 따르면 특정 서비스에 대해 불만을 갖고 있는 고객들이
담당직원에게 불평을 할 가능성은 45%에 불과하며, 고객 서비스 센터를
통해 불만을 제기할 경우는 오직 1~5%에 불과하며, 대부분의 고객들
은 불평불만을 제기하지 않고 해당 기업에 부정적인 태도를 갖고 다른
기업으로 이동한다고 한다. 그 이유는 고객서비스 담당부서에 불만 이메
일을 보내거나 하는 활동 자체가 귀찮거나, 그런 불만을 제기하는 활동
을 했을 때 돌아오는 결과에 대한 확신이 없을 수 있고, 또는 자신의 불
편했던 상황을 떠올리는 것 자체가 부담으로 다가올 수 있기 때문이다.

하지만 기업의 입장에서 불만 고객은 중요하다. 불만이 없는 고객을 보며 기업은 고객들이 만족하고 있다고 착각해서는 안 된다. 고객으로부터 반응이 없는 것은, 고객으로부터 해당 기업에 대한 애정이 없는 것이라 생각해도 무방할 것이다.

불만 고객은 다음과 같은 이유에서 기업에게 소중하다. 첫째, 고객의 불만을 통해서 기업 특정 상품이나 서비스에 대한 문제점을 파악할 수 있게 된다. 불만 고객의 의견이야 말로 솔직한 소비자의 입장이라 할 수 있다. 인텔 펜티엄 칩에 대한 미국 린치버그대의 토머스 나이슬러 교수의 불만제기는 고객 불만이 왜 중요한지를 잘 보여주는 사례이다. 토머스 나이슬러 교수는 인텔 펜티엄칩을 탑재한 PC를 통해 고난이도의 수학 문제를 처리할 경우 연산 과정에 있어서 오류가 발생할 수 있다는 것을 발견하고 인텔에 알렸다. 그럼에도 불구하고 인텔에서는 그러한 오류가 발생할 확률이 90억분의 1로 낮으며, 수학자가 아닌 일반인이 그런 문제에 부딪힐 확률은 2만 7000년 만에 한 번 경험할 수 있는 일로 상당히 낮다며, 토머스 나이슬러 교수의 불만제기에 어떤 조치도 취하지 않았다. 이러한 인텔의 무성의한 태도에 많은 고객들의 항의가 발생했고, 결국에는 해당 제품에 대한 기피 현상으로까지 이어지게 되었다. 그후 6개월이 지나서야 인텔은 문제의 심각성을 인식하고 해당 제품에 대한 조치를 취하게 되었다.

둘째, 불만 고객은 기업에게 유용한 정보를 제공하는 역할을 수행한다. 고객 불평을 통해 기업은 고객들이 원하는 것이 무엇인지를 알 수 있다. 각각 8개의 표준 레고 블록 6개 만 있으면 9억 1,510만 가지의 조합의 모양을 만들어 낼 수 있는 레고는 고객들의 아이디어가 얼마나 소중한지를 잘 알려주는 기업의 좋은 사례이다. 1990년대 비디오 게임의 등장과 함께 아날로그 장난감인 레고의 판매는 눈에 띄게 줄기 시작했다. 게다가 레고의 전문 디자이너들이 만들어 판매하는 레고의 완성품은 전 세계의 수많은 다양한 고객들의 만족도를 충족시키기에는 문제가 있었다. 이런 상황에서 등장한 것이 공동창조 플랫폼인 레고의 "Design By Me"사이트이다. 2005년 당시 레고는 다양한 고객들의 만족도를 충족시키기 위해 해당 사이트에 접속하는 고객이 레고 블록으로 자신만의 제품을 설계해 주문하면, 실제로 고객을 위한 레고 제품을 만들어 배송하는 서비스를 제공해 꺼져가던 아날로그 장난감, 레고의 죽어가던 운명을 되살릴 수 있었다. 또한 2008년부터는 다양한 고객들의 의견을 바탕으로 레고의 디자인을 만드는 프로그램을 제작하였다. Lego Cuusoo 서비스는 고객이 상품 아이디어를 제시하면, 다른 고객이 피드백을 달고, 해당 아이디어가 1만명 이상의 지지를 얻을 경우 레고에서 최종 검토를 거쳐 상품으로 제작하는 서비스이다. 이처럼 고객들의 의견을 기업은 유용하게 사용하고 있다.

셋째, 불만 고객은 기업의 부정적 구전을 최소화 시키는 역할을 한다. 대부분의 사람들은 불만이 있으면 해당 기업에 불만을 제기하기 보단 주변 친구나 가족에게 불만을 제기한다. 기업 입장에서 이런 부정적인 활동을 조금이라도 막을 수 있는 방법은 불만을 가진 고객이 불만을 주변에 퍼트리는 것이 아닌 기업에 부정적인 구전을 하게 해서 고객들의 불만을 줄여 나가야 한다. 특히 사람들은 구전 활동을 할 때 좋은 이야기보다는 나쁜 이야기에 대해 더 많은 이야기를 하는 경우가 많다. 소비자원의 결과에 따르면 특정 서비스에 만족한 고객은 주변의 8명에게 자신의 만족을 공유하지만, 불만족한 고객은 주변의 25명에게 자신의 불만족을 공유한다고 한다. 따라서 불만족한 고객 1명이 퍼트리는 나쁜 이야기를 멈추기 위해선, 만족한 고객 3명을 만들어 내야 한다는 어려움이 있다. 그리고 불만을 전해듣는 사람들도 만족한 이야기보다는 불만족한 이야기에 더 관심을 보이는 측면이 있다.

2 서비스 현장의 직원이 바라보는 불만 고객의 의미

항공사에서 근무하는 어느 누구에게나 불만 고객은 피하고 싶은 존재일 것이다. 하지만 서비스 업무 현장에 있어서 불만 고객은 피할 수 없는 존재이며, 앞서 밝혔다시피 불만 고객을 어떻게 대처하느냐에 따라서 기업의 수익이 더 늘어나기도 한다.

직원 입장에서 불만 고객은 부담스럽지만 직원의 자아발전을 시켜주는 존재이기도 하다. 매슬로우의 욕구 5단계설에 따르면 생리적 욕구, 안전 욕구, 사회적 욕구, 존중·존경의 욕구에 이어 마지막 단계가 자아개발 및 자아발전의 욕구이다.

평상시 업무에서 평이함을 느낀 직원들은, 시간이 지남에 따라 스스로 발전하고 싶음을 느끼는데 이럴 때 가장 어려운 업무라고 볼 수 있는 불만 고객을 만나 불만 고객의 마음을 사로잡는 것은 직원 입장에서 자아발전의 단계라고 볼 수 있다. 실제로도 비행 중 불만 고객의 컴플레인을 처리하고 뿌듯해 하는 객실승무원들의 모습을 많이 찾아 볼 수 있다. 또한, 비행 중 발생한 고객 컴플레인을 잘 처리함으로써 해당 직원은 서비스 전문가로서의 면모를 회사와 동료들에게서 인정 받을 수 있다.

욕구 5단계설	매슬로우	• Self actualization needs(자아 실현의 욕구) • Esteem needs(존중, 존경의 욕구) • Belongingness and love needs(소속, 친교의 욕구) • Safety needs(안전, 안정의 욕구) • Physical needs(생리적 욕구)
ERG 이론	알더퍼	• Existence needs(존재 욕구) • Relatedness needs(관계 욕구) • Growth needs(성장 욕구)
2 요인이론	허츠버그	• Motivation factor(동기 요인) • Hygiene factor(위생 요인)
XY 이론	맥그리거	• X론적 인간관 • Y론적 인간관

출처:김원형(2009)의 선행연구를 수정

매슬로우의 욕구 5단계설

1970년 매슬로우는 인간의 동기 부여와 욕구를 5단계로 구분하였다. 매슬로우의 욕구 5단계설에 따르면 인간은 기본적인 욕구(하위 욕구)가 충족되면 더 나은 욕구를 추구한다고 밝혔다. 많은 심리학자들이 매슬로우의 욕구 5단계설을 지지하는 반면 일부 학자들은 기본적인 욕구(하위 욕구)가 충족되지 않더라도 상위 욕구가 추구될 수 있다며 욕구 5단계설을 비판하기도 한다. 이러한 비판에도 불구하고 욕구 5단계설은 인간의 동기가 작용하는 기본적인 방향을 제시하였다는 점에서 학술적으로 시사점을 가지고 있다.

- 1단계 : 생리적 욕구. 가장 하위 욕구이자 기본적인 욕구로 생존, 생식과 관련이 있다. 이 단계에서는 갈증, 적절한 체온 유지, 음식, 성적 욕구 그리고 호흡 같은 욕구가 존재하고 이 단계에서는 기존

의 것을 유지하려고 하는 항상성이 존재한다.

- 2단계 : 안전, 안정의 욕구. 우리의 삶에 대한 통제를 잃지 않을까 하는 두려움이 이 욕구에 속하며 취업, 안정, 건강, 자원, 보호와 같은 심리상태가 포함된다.

- 3단계 : 소속 및 친교 욕구. 1, 2 단계의 욕구가 충족되면 인간은 사회적 부분에 관심을 갖게 된다. 인간은 혼자가 아닌 다른 사람과 함께 하고 싶어하며 정서적 교류를 나누길 원한다. 3단계에서는 타인과 소통 하는 것, 우정을 쌓고 애정을 서로 주고 받는 것, 공동체 또는 집단 속에서 지내는 것, 특정 그룹에 속하고 함께 행동하려고 하는 욕구들이 포함된다.

- 4단계 : 존중, 존경의 욕구. 4단계에서는 주변의 존경을 받거나 명예를 얻고 싶어하며, 자신이 속한 그룹 속에서 인정 받길 원한다. 자존감과 자기 존중이 이 단계에 포함된다.

- 5단계 : 다른 말로 자아실현 욕구라고도 불리운다. 인간 욕구의 가장 상위 단계로, 이 단계에는 성취가 어려운 목표들이 많이 포함되어 있다. 또한, 인간은 자신의 운명을 초월해 세상에 족적을 남기고 싶어하며, 인간의 도덕적, 정신적 발달이 자아실현의 욕구에 포함되어 있다.

서비스 관점에서 욕구 5단계설을 활용하면 고객과 만나는 접점에 따라 고객이 원하는 욕구가 무엇인지를 생각해 본 뒤, 그에 맞는 행동을 취하는 것이 필요하다. 예를 들어 비행기에 탑승한 고객이 배가 너무나 고픈데(1단계 욕구를 느낌), 객실승무원이 1단계 욕구를 채워줄 생각(식사 서비스)을 하지도 않고, 고객에게 대화를 걸면서 고객과의 상호작용(3단계, 4단계: 정서적 교류 또는 존중)만 하려고 한다면, 배가 고픈 고객은 더욱 화가 날 수 있다. 이처럼 하위 욕구가 충족되어야 상위 욕구 역시 충족시킬 수 있다는 것이 매슬로우의 욕구 5단계설이다.

⊙ 매슬로우의 욕구 5단계 피라미드

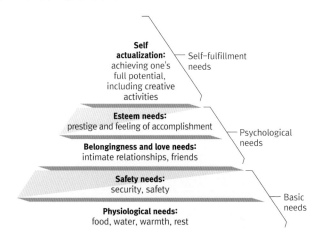

출처: SIMPLYPSYCHOLOGY(2020)

💡 알더퍼의 ERG 이론

1972년 심리학자 클레이턴 알더퍼가 매슬로우의 욕구 5단계설을 발전시켜 주장한 이론으로 인간의 욕구를 중요도 순으로 계층화했다는 점에선 매슬로우와 생각이 같지만, 그 단계를 3단계로 축소시켰다는 점과 직접 업무현장내 조직에 들어가 연구를 실시했다는 점에서 시사점을 갖는다.

또한 매슬로우는 욕구 단계에서 순서가 있다고 밝혔지만, ERG는 한 시점에 여러 개의 욕구가 동시에 발생할 수 있다고 밝혔다.

서비스 관점에서 ERG 이론을 활용하자면, 서비스를 제공하는 우리는 고객을 맞이할 때 고객의 가장 하위 욕구인 존재욕구를 충족시켜주고(고객이 매장을 찾았을 때 환하게 맞이해주는 행동), 관계욕구를 충족시켜주며(단골 고객을 인정해주고, 더 나은 서비스를 제공해주는 행동), 성장욕구를 함께 발전시켜나갈 수 있게(사회공헌활동을 하는 우리 회사의 서비스를 이용하면, 고객 역시 사회 공헌활동에 함께 참여하는 것과 같은 의미를 부여)한다.

욕구 5단계설과 ERG 이론의 비교

매슬로우의 욕구 5단계설	ERG 이론	의미
자아 실현의 욕구	성장욕구	• 개인의 생산적이며 창의적인 활동에 의해 충족될 수 있는 욕구 (개인의 창조적 성장, 잠재력 발휘 등)
존중, 존경의 욕구		
소속, 친교의 욕구	관계욕구	• 의미가 있는 사회적 또는 개인적 인간관계 형성에 의해 충족될 수 있는 욕구 (직장 내에서 타인과의 관계, 가족, 친지들과의 관계)
안전, 안정의 욕구		
생리적 욕구	존재욕구	• 인간의 생존을 위해 필수인 욕구 (음식, 공기, 물, 임금, 작업조건과 같은 욕구)

출처: 김원형(2009)의 선행연구를 수정

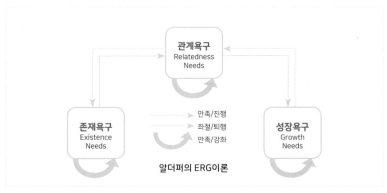

출처: 위키피디아(ERG theory)

허츠버그의 동기-위생 이론(Motivation hygiene theory) / 2요인 이론(Two factor theory)

　1950년 허즈버그(Herzberg)는 인간에게 동기를 주는 두 가지 욕구를 동기 요인과 위생요인이이라 주장하며, 동기-위생 이론을 주장하였다. 동기-위생 이론은 현실적인 기업 관리의 측면에 있어서 어떤 요인들이 직원에게 만족을 주는지를 정리하며 생겨난 이론으로 2요인 이론이라고도 불리운다.

　아래 표와 같이 동기요인(만족요인)은 위생요인(불만족요인)과 서로 다른 별개의 사항이며 직장에서의 동기요인은 정신적으로 성장하며 자기 실현을 추구하려는 욕구로 직무만족으로 연결되고, 위생요인은 불쾌한 것을 회피하려는 욕구로 결과적으로 직무불만족을 결정하게 된다고 밝혔다.

SMAT/CS READERS : 동기-위생이론의 요인

동기요인 (Motivation factor)	정신적으로 성장하며, 자기 실현을 추구하는 욕구	만족 요인	직무 그 자체와 관련 • 성취, 안정, 성장, 도전, 일 그 자체 등의 요인이며, 이 요인들로 인해 더 나은 발전과 성과가 발생하게끔 작용함
위생요인 (Hygiene factor)	불쾌한 것을 회피하려는 욕구	불만족 요인	직무의 환경과 관련된 것 • 이 요인의 충족은 불만족의 감소를 가져오지만, 만족에는 작용하지 못함

출처: 김원형(2009)의 선행연구를 수정

　동기-위생 이론의 가설 검증을 위해 허츠버그는 피츠버그에서 200여명의 기술자와 회계사를 대상으로 어떤 경우 일에 대한 만족과 불만족을 느끼는지를 조사하였다. 그 결과 적극적 만족감을 만드는 원인으로 책임, 승진, 달성, 일 그 자체와 같은 다양한 요인들을 원인으로 찾을 수 있었고, 특히, 그 중에서도 책임, 일 그 자체, 승진의 3가지 요인들이 업무에 대한 열정을 지속시키는 요인이 된다고 밝혔다. 반대로 불만족을 가져오는 요인은 회사의 경영 정책, 감독, 월급, 대인관계, 작업조건과 같은 요인들을 볼 수 있는데, 여기서 발견된 사실은 이 두 가지 원인은 완전히 서로 다른 것으로, 절대 중복되어서는 나타나지 않는다는 것을 발견했다.

결과적으로 동기-위생 이론의 관점에서 볼 때, 직원의 불만족을 해결하기 위해선 위생요인을 감소시켜야 하고, 반대로 직원의 만족을 위해선 위생 요인을 해소할게 아니라 동기요인을 충족시켜야 한다는 것이다. 이러한 생각은 흔히 만족이 낮아지면 불만족으로 바뀌다는 일반적인 생각이 아닌 불만족과 만족은 전혀 다른 조건 속에 존재한다는 것을 의미한다. 다시 말해 허츠버그는 위생요인이 충족되더라도 만족 상태로 바뀌지 않는다고 주장했다. 하지만 그와는 반대로 매슬로우는 욕구가 충족되지 않은 상태를 불만족 상태로 보았고, 그 불만족의 욕구가 충족이 될 경우 만족이 되는 상태로 만족과 불만족은 서로 극과 극의 연결 선상에 있는 것으로 보았다.

출처: 김원형(2009), Oliver(2017)의 선행연구를 수정

동기-위생요인이 직원들의 업무에 대한 만족과 불만족 요인을 검증하며 발전한 이론이기 때문에 서비스 관점에서 동기-위생요인을 받아들인다면 외부고객(고객)보다는 내부고객(직원)에 초점을 맞추는 것이 좋다. 내부고객의 직무에 대한 만족도는 고객서비스의 전체적인 품질로 연결되기에 직원들의 안정감과 성취감, 책임감을 갖고 업무에 임할 수 있는 조건을 만들어 주는 것이 좋다. 또한, 위생요인을 충족시켜주기 위해 환경적인 면을 고려했을 때에도 일하는 환경의 쾌적함, 업무의 동선, 소음, 조명 등의 작업환경의 질을 유지해주는 것이 위생요인을 충족시키는 하나의 방법이 될 것이다.

맥그리거의 XY이론

XY 이론은 맥그리거가 인간을 동기부여의 관점에서 인간을 새롭게 구분한 이론으로, 특히, 매슬로우에게 많은 영향을 받은 것으로 알려져 있다. 맥그리거는 크게 인간성과 관련한 인간의 관리방식에 대해 연구를 진행하며, 성공적인 인간관리를 위한 필수 조건으로 인간에 대한 올바른 이해와 신념이라고 주장하며, 전통적 인간관을 X이론으로, 현대적 인간관을 Y이론으로 구분했다.

기업경영의 관점에서 회사의 오너가 X 이론이 맞다고 생각하면 그 회사의 경영방식은 권위적이며, 강제적이고, 지시 위주로 이루어 질것이며 부하 직원들은 수동적으로 업무 처리하는 스타일로 바뀌게 될 것이다. 반대로 회사의 오너가 Y이론을 맞다고 생각한다면 그 회사의 경영방식은 자율과 창의성을 존중하고, 직원들은 회사의 업무에 적극적으로 참여하게 될 것이다. 그럼에도 불구하고 특정한 이론만 무조건적으로 옳다고 할 수는 없다. 특히, 국내 대기업 같은 경우는 대부분 강력한 오너의 리더쉽에 어느정도의 직원들의 참여가 섞여있는 형태임을 알 수 있다.

구 분	의 미	경영진의 역할
X 이론 (전통적 관리 철학)	• 보통의 인간은 일하기를 싫어하며 지시받은 일만 실행함. • 생리적 욕구 또는 안전의 욕구만으로도 동기부여가 충분히 될 수 있음.	경영진은 금전적 보상을 유인책으로 사용하고 엄격한 감독과 상세한 명령으로 통제를 강화해야 함
Y 이론 (현대적 관리 철학)	• 인간에게 노동은 놀이와 같이 자연스러운 것. 인간은 노동을 통해 자신의 능력을 발휘하고 자아를 실현하고자함. • 생리적 욕구, 안전 욕구는 물론 소속감, 애정, 자기실현의 욕구에서도 동기부여가 가능함	경영진은 자율적이며 창의적으로 일 할 수 있는 여건을 제공해야 함

출처: 한정선(2014)의 선행연구를 수정

서비스의 관점에 있어서도 X, Y이론을 섞는 방식이 필요할 것이다. 직무 몰입과 질적인 업무 성장을 위해 X이론적 관점에서 직원들에 대한 정기적인 교육을 실시하며, 또한, Y이론의 관점에서 직원들을 적극적으로 회사의 업무에 참여하고, 책임감을 갖고 동기부여 할 수 있도록 다양한 자극 요인들을 활용한다. 고객 역시 단순히 상품을 팔아야할 대상으로만 보는 것이 아닌 우리 기업의 서비스를 이용한 뒤 만족하고, 고객 스스로 우리 기업의 상품을 입소문으로 퍼트릴 수 있게 만들어 주는 것이 필요하다.

The wise man has long ears and a short tongue(지혜로운 사람은 잘 듣고, 말은 적게 한다).

독일, 영국, 러시아에서 내려오는 속담 중 하나인 이 말은 "말하기보단, 잘 들을 것"을 강조하는 속담으로 유명한 말이다. 특히 다른 산업군보다 서비스업에선 이 속담이 종종 서비스 교육 시간에 나오는 것을 볼 수 있다.

GE 항공의 고문 숀 버튼(S. Burton)은 고객과의 의사소통을 위해 가장 중요한 것은 고객의 눈높이에 맞춰 계약을 진행하는 것이라 생각했다. 이를 위해 그는 고객 계약서상에 나와 있던 전문적인 용어를 전부 없애고, 어린 학생들이 보더라도 쉽게 이해할 수 있을 정도의 쉬운 계약서를 사용하기 시작했다. 그런 노력 덕분인지 결과적으로 고객과의 소통은 예전보다 더 늘었으며, 고객 만족도 역시 급상승하는 것을 볼 수 있었다.

이런 사례는 미국의 병원에서도 찾을 수 있다. 미국 병원은 환자들이 퇴원을 한 이 후, 병원에서 퇴원한 환자에게 청구서를 보내는 시스템을 사용하고 있는데 미국 한 병원에서 사용 중이던 복잡한 병원 청구서의 내용을 단순화시켰더니 환자들의 병원비 납입율이 눈에 띌 정도로 증가하였다는 연구결과를 통해 고객 서비스는 기업의 관점이 아닌 고객의 관점에서 제공되어야 한다는 것을 확인할 수 있다. GE의 고객의 눈높이에 맞춘 계약서, 미국 병원의 환자의 지식 정도를 고려한 청구서, 이처럼 기업의 입장이 아닌 고객의 입장을 고려하는 것은 모든 서비스업계의 첫걸음이라 말할 수 있다.

04

불만 고객의
감정 변화 4단계

　불만 고객을 응대하는데 있어서 가장 중요한 것중 하나가 불만 고객에 대한 이해일 것이다. 이번 장에서는 불만 고객에 대한 적극적인 감정이해를 통해 불만을 해결할 수 있는 과정을 알아 보도록 하겠다. 불만고객의 심리는 분노 발생–현실 지각–현실 부정–더 큰 분노/ 소극적 수용–구전과 같은 5가지 심리변화의 과정을 통해서 이루어진다.

출처: 이유재(2002), 이유재·공태식(2005), 라선애·이유재(2015)의 선행연구를 수정

- **분노발생** : 불만을 갖고 있는 고객은 불만과 상관 없이 일단 자신의 분노를 표출한다. "사무장 불러와.", "네가 뭘 알아.", "승무원이 하는 일이 뭐야?"와 같은 표현이 불만 고객이 분노를 표출하는 단계이다. 이 단계에서 불만 고객들은 자신이 화가 나있음을 직원에게 알리는 단계이다. 고객의 성향에 따라 다르지만 보통 이 단계에서 고객의 심리적 불쾌감이 가장 높은 상태이다.

- **현실 지각** : 다음 단계는 현실 지각으로, 앞선 분노로 인해 치솟았던 감정을 억누르며 이성적 판단을 한다. 보통 "왜 미리 도와주지 못했는지?", "왜 다른 직원이 말하는 것과 답변이 다른지", "왜 좌석을 바꿀수 없는지."와 같은 현실적인 문제를 다루는 단계로 들어서게 된다. "이번 비행만큼은 가능하게 자리를 바꿔달라.", "직원의 실수도 있으니, 나에게 혜택을 달라."와 같은 표현이 주로 나오게 된다. 일단 고객이 화는 나지만 어쩔 수 없는 상황에서 현실을 받아들이려는 심리상태로 볼 수 있다.

- **현실 부정** : 현실 지각을 통해 고객의 불만이 해결되면 좋겠지만 실제 업무 중엔 그렇지 못한 경우가 대부분이다. 이렇게 현실 지각의 과정에서 만족을 얻지 못한 불만 고객들은 다른 해결책이 없음을 인지하고 현실 부정의 단계로 들어선다. "세상에 이런 서비스를 하는 항공사가 어디있어.", "내가 퍼스트 클래스를 타면 이런 소리를 안듣겠지.", "이러니까 저가항공사라는 말을 듣지."와 같은 표현들로 이 단계에서 고객은 화를 내는 것처럼 보이지만, 이런 표현은 화가 아니라 더 이상 상황을 좋게 바꿀 수 없음을 인지한 고객의 포기상태로 보면 된다. 포기한 사람에게 필요한 것이 무엇인지를 그

사람의 입장이 되어 생각해 본다면 그 불만 고객을 우리 기업의 충성고객으로 다시 바꿀 수 있다. 또한, 이런 고객의 상황을 인지하고, 고객의 마음을 이해하려고 노력하는 직원이 있어야 고객의 마음을 우리 기업쪽으로 다시 돌릴 수 있다. 앞선 과정을 거쳐 이 심리 상태까지 오게 되면 고객의 분노는 직원의 태도와 대처 방법에 따라 더 큰 불만이 되거나 어쩔 수 없이 소극적으로 상황을 수용하는 과정까지 오게 된다.

- **더 큰 분노** : '이 항공사의 서비스부터 시작해서, 직원의 태도까지 모든 것이 마음에 들지 않는다. 하지만 내가 할 수 있는 것은 없기에 지금부터 어떻게 하면 이 항공사에 내 분노를 전할 수 있을지.'를 고민하게 된다. 그리고 대부분의 상황에선 직원과의 대화를 단절하게 된다. 실제로 필자는 이런 경험을 해 본적이 있었다. 당시 카타르 도하에서 뉴욕까지 가는 12시간의 비행에서 자신이 주문한 스페셜 밀(실제로는 주문하지 않았음)이 기내에 실리지 않았다고 주장하며, 승무원들과의 대화를 거부하고, 기내에서 아무것도 먹지 않고, 비행기가 뉴욕에 도착하자마자 공항 응급센터로 가서 Q 항공의 잘못된 서비스에 대해 법적인 조치를 취했던 고객이 있었다.

- **소극적 수용** : 어쩔 수 없는 이 현실을 수용하는 소극적인 수용의 형태이다. 고도 35,000ft를 날고 있는 비행기에서 갑자기 실리지도 않은 음식을 뚝딱하고 만들 수는 없는 법이다. "오늘은 어쩔 수 없이 이렇게 가겠어", "비행기 안이니까 내가 먹고 싶은 메뉴를 못 먹을 수도 있지", "승무원도 어쩔 수 없었을텐데, 이해합니다"와 같은 말을 통해 불만 고객은 어쩔 수 없는 현실을 소극적으로 수용하게

된다.

- **구전 의도** : 마지막 과정은 '나의 화난 상태, 즉 분노를 어떻게 남들에게 알릴 것인가?'이다. 더 큰 분노로 결론이 났느냐? 소극적 수용으로 결론이 났느냐에 따라 해당 기업에 대한 나의 구전 의도 역시 긍정과 부정으로 나뉘어진다.

내가 먹고 싶은 기내식 메뉴가 없어서 불만을 제기 했지만 직원의 진실되고, 상냥한 태도에 어쩔 수 없이 "비행기"라는 현실을 소극적으로 수용한 고객은 문제 해결에 도움을 주려는 직원의 태도에 긍정적인 구전을 하게 되고, 동일한 문제가 발생했을 때 직원의 잘못된 조치로 인해 더 큰 불만이 생겨버린 고객은 해당 항공사에 대한 부정적인 인식과 부정적인 구전을 생산하며, 결국엔 해당 항공사에서 등을 돌리게 된다.

특히, 불만 고객을 응대할 때 직원은 고객의 자존심을 건드리지 않도록 해야 한다. 흔히 기내에서 본인이 원하는 메뉴를 받지 못한 불만 고객에게서 이런 말을 종종 듣곤 한다. "내가 그 음식이 꼭 먹고 싶어서 이렇게 화를 내는게 아니야. 기분이 나쁘다는거지. 옆자리에 앉은 사람이나 나나 전부 똑같은 돈을 내고 비행기를 탔는데, 누구는 원하는 메뉴로 먹고, 나는 남들이 안 먹는 메뉴를 먹어야 한다는게 기분이 나쁘다는 거지"의 상황처럼 불만 고객은 자신이 존중받고 있지 못하다고 느낄 때 불만을 느끼게 된다. 따라서 이런 상황에서 직원은 회사의 규정에 따라 객관적인 사고를 하기 보다는 그 상황에 맞춰 고객의 입장이 되어 생각할 때에만 고객의 문제를 해결해 줄 수 있다.

고객은 마지막 순간만 기억한다.

기내 온도가 고객에게 미치는 영향과 관련된 여러 논문을 보던 중 흥미있는 자료를 보게 되었다. 똑같은 불쾌한 온도를 경험했다 하더라도 마지막에 순간에 경험한 불쾌한 온도를 더욱 크게 느낀다는 연구 결과이다.

예를 들어 카타르 도하에서 파리까지 9시간의 비행을 예로 들어보자.

1. 여행 초반(출발~3시간), 고객 A는 너무나 추운 기내에서 잠을 제대로 잘 수 없는 상황이다. 같은 시간 고객 B는 쾌적한 기내온도 하에서 충분한 숙면을 취할 수 있었다.

2. 여행 중반(3시간~6시간), 고객 A, B 둘 다 적정 온도 하에서 충분한 숙면을 취하며 평범한 비행경험을 즐기고 있다.

3. 여행 마무리(6시간~9시간), 고객 A는 쾌적한 온도 하에서 충분한 숙면을 취했고, 고객 B는 너무나 추운 온도에 앞 좌석에 놓인 담요를 두 개나 겹쳐서 덮고 있다.

4. 비행이 끝난 뒤 설문조사 결과, 고객 A는 비행이 편안하고 즐거웠다고 응답했고, 고객 B는 기내 온도 조절이 안되서 너무나 불편하고, 추운 비행이었다는 것만을 기억했다.

이처럼 고객은 아무리 초반과 중반에 제공된 서비스가 좋았더라도, 마지막에 제공된 서비스가 좋지 못했다면 고객은 전체적으로 '좋지 못한 서비스'를 받았다고 느끼게 된다.

이처럼 초반 서비스 단계에서 고객에게 실수를 하여, 고객이 불만을 가졌더라도 마지막에 가서 보다 더 나은 기억을 제공할 수 있다면 고객은 해당 기업의 서비스를 다시 이용할 것이다. 그리고 이런 경험을 가진 고객들은 다른 평범한 고객들과 비교해, 우리 회사의 충성고객으로 변하는 일도 종종 발생한다.

실제로 필자는 비행을 하면서 불평을 했던 많은 수의 고객들이 승무원의 서비스 리커버리(Service recovery)를 받고, 내릴땐 다른 고객들보다 더 승무원에게 고마워하면서 비행기에서 내리는 것을 본적이 많다.

1 불만 고객을 응대하는 직원의 마음가짐

서비스직에 근무를 하는 사람들은 누구나 불만 고객을 만나기 십상이다. 자신이 종종 불만 고객을 만나는 직장에 근무하고 있다면, 아래 나오는 "불만 고객을 응대하는 직원의 마음가짐"을 먼저 확인해 보도록하자.

(1) 고객의 불만은 나를 향한 것이 아니다.

"오늘 내가 이코노미 클래스 17번에서 25번 까지의 좌석을 담당하지 않았으면, 나는 그 불평하는 고객을 만난 일도 없었을 것이다." 무슨 말이냐고? 내가 오늘 만난 그 불만 고객은 나에게 불만을 나타내는 것이 아닌 그냥 오늘 17번 좌석을 담당하는 승무원에게 화를 내는 것이다. 분노를 내보이고 있는 고객을 응대하다 보면 어느 순간 자신도 그 직원과 함께 열을 내고 있는 장면을 보게 된다. 하지만 명심하자. 지금 불만 고객이 화를 내고 있는 대상은 당신이 아니라 회사의 규정, 또는 잘못된 서비스에 대해 화가 난 것이다. '내가 지금 이 순간 이 포지션에서 근무하고 있지 않았다면 고객의 불만은 내가 아닌 다른 직원 누군가가 받고 있을 것이다.' 라고 마음 편하게 생각하자. '다른 직원이 이런 까탈스러운 고객을 만나서 고생할 바에는 내가 해결하고 말지.'라는 긍정적이고 대범한 마인드는 특히 서비스 직군에 일하는 사람에게는 반드시 필요한 마인드이다.

(2) 고객의 불만은 나의 문제는 아니지만, 우리 회사의 공통 문제이다.

우리 항공사에서 발생한 문제는 내가 일으킨 문제가 아니라 할지라도 우리는 한 팀이라는 생각을 잊지 말자. 불만 고객의 비난이 나를 향한 것이 아니라 다른 동료, 다른 부서 사람을 향한 것이라도 나 역시 그 항공사 일원으로, 책임을 피할 수 없다는 것을 명심하자.

항공사에서 흔하게 듣게 되는 불만 고객의 불평 중 하나가 나와 관계없는 부서와 관련된 불평이다. 예를 들어, 내가 객실승무원으로 근무를 하고 있는데 발권과 관련해서 불만이 있는 고객이 불평한다고 해서 '이건 내 잘못이 아니고, 발권팀의 책임이야.'라고 생각하는 것은 절대로 잘못된 생각이다. 같은 항공사의 일원으로서 고객에게 사과하고, 혹시라도 내가 기내에서 그 고객의 티켓과 관련된 문제를 해결해 줄 수 없다 할지라도 기내에서 고객의 마음을 풀어주기 위해 시원한 음료를 한 잔 제공하는 나의 노력이 화를 내고 있는 불만 고객을 우리 항공사로 다시 돌아오게 할 수 있다는 것을 명심하자.

(3) 나는 업무에 관해선 절대적으로 프로이다.

객실승무원으로 근무하게 될 당신은 하루에 몇 명의 고객을 상대하게 될까? 작은 기종만 있는 LCC에 근무를 하더라도 에어버스 320 시리즈 같은 경우는 보통 132명의 승객이 탑승을 하게 되고, 그날 출발하는 비행과 돌아오는 비행이 만석이라고 가정하면, 그날 하루 동안 내가 만나게 되는 승객은 총 264명이 된다. 에어버스 380이 있는 항공사라면 가는 비행만 525명, 돌아오는 비행까지 합치게 된다면 하루 동안 내가 만나게 되는 고객은 천 여명도 넘게 된다. 이렇게 많은 사람을 상대하는 직업인 객실승무원들은 사람을 대하는 데 있어선 프로이다. 아무리 기분 나쁜 상황에 빠지더라도 웃으면서 고객과의 관계를 유지할 수 있는 것이 바로 프로 객실승무원이다. 항상 미소를 잃지 말고, 고객에게 끌려가는 것이 아닌 고객을 내가 원하는 방향으로 끌고 갈 수 있는 자신의 서비스에 대한 자신감은 바로 모든 객실승무원이 갖춰야 할 자질이다.

(4) 불만 고객의 말은 무조건 들어주자

불만 고객을 상대할 때 절대적으로 말하기보단 듣기를 권장한다. 일단 말을 많이 하게 되면 고객의 반감을 사기 쉽고, 자기네 회사를 편들어 주는 상황으로 밖에 갈 수 없다. 그리고 더 중요한 것은 말은 많이 하면 할수록 빈틈이 더 생겨서, 이미 화가 나 있는 불만 고객에게 더 많은 공격거리만 주게 된다. 필자는 Q 항공사에 근무를 하면서 그 날 함께 비행한 팀원들과 함께 공항 경찰대에 간 적이 딱 한 번 있었다. 그 이야기를 여기서 다 밝힐 수는 없지만, 화가 나 있는 고객의 간단한 컴플레인으로 끝날 일이 자신의 생각대로 해결되지 않자 이야기를 부풀리고 부풀려서 공항경찰에 신고까지 하는 큰 사건으로 번졌던 적이 있었다. 모든 문제의 해결의 시작은 들어주기라는 것을 명심하자.

(5) 고객 놀이가 반드시 필요하다.

"고객 놀이"가 뭔지 잘 모르는 사람들이 많다. 그도 그럴것이 고객 놀이란 말은 필자가 만들어낸 표현이다. 대학 시절부터 서비스직에서 계속해서 근무를 했던 필자는 고객 놀이를 자주 했었다. 대학 시절 패밀리 레스토랑에서 근무를 할 때는 쉬는 날이 되면 직원 할인이 되는 우리 매장에서 식사를 하지 않고, 일부러 고객이 되어보고 싶어 다른 경쟁사의 매장을 방문해서 고객으로서의 경험을 해 보았다. 우리 매장과 경쟁사 브랜드가 비슷한 서비스 체계를 갖고 있었기에 그 매장의 서비스가 얼마나 좋고, 얼마나 좋지 못한지를 철저하게 평가할 수 있었다. 요즘 학생들은 카페에서 이런 비슷한 경험이 많이 있을 것이다. 자신이 S 카페에서 근무를 한다면 일부러 C 카페에 가서 그 카페의 서비스나 분위기, 직원의 친절도를 스스로 평가하는 일을 하곤 할 것이다. 이것이 필자가 부르는 고객 놀이이다.

필자는 서비스직에서 일하는 사람은 고객의 입장을 반드시 경험해 보아야 한다고 생각한다. 한번은 필자가 Q 항공에서 일한지 얼마 되지 않았을 때, 기내에서 손님이 기내 온도가 너무 춥다고 컴플레인을 한 적이 있었다. 부끄럽게도 당시 기내 온도를 높여주며 마음속으로는 '저 손님, 진짜 오바 잘한다.'라고 생각을 했던 적이 있었다. 그리고 얼마 뒤 필자가 타 항공사를 이용해 인천-뉴욕의 장거리 비행을 탑승한 적이 있었다. 당시 기내가 너무 추워서 얼어 죽을뻔한 적이 있었는데, 그 때 이후론 기내가 춥거나 덥다는 컴플레인이 나오면 무조건 제 1순위로 기내 온도를 맞추기 위해 노력을 하곤 했다.

인간은 누구든 자신에게 관심이 있고, 잘 해주는 사람에게 호감이 가게 되어있다. 명심하자. 서비스직에 근무 하게 될 여러분! 꼭, 고객 놀이를 경험해 보자.

2 고객과의 관계 개선 보다 중요한 것은 실질적인 문제 해결 능력

서비스직에 근무하는 직원이 불만을 표출하는 고객을 만나는 경우 이에 대응하는 모습은 크게 두 부류로 나눌 수 있다.

대응 부류	응대 방식
고객과의 관계에 집중하는 부류	일단 사과부터 하고, 고객의 인간적인 면을 자극하려고 한다.
고객의 실질적 문제 해결에 집중하는 부류	사과한 이후, 고객의 문제 해결을 돕기 위해 자신이 할 수 있는 모든 방법을 동원한다.

이러한 두 부류의 직원 가운데 어떤 부류의 직원이 일을 잘하는 직원이라 생각하는가? 앞서 이야기했던 것처럼 고객이 원하는 직원은 바로 고객의 실질적 문제 해결에 집중하는 스타일의 직원이다. 아르바이트를

해본 학생들이라면 위의 경우를 한두 번 쯤은 경험해 보았을 것이다. 레스토랑에서 근무하다가 음료를 고객에게 엎지른 아르바이트생 A와 B의 사례를 살펴보자.

대응 부류		응대 방식
고객과의 관계에 집중하는 부류	아르바이트생 A	"고객님 죄송해요. 제가 이제 일한지 며칠 되지 않아서 이렇게 고객님께 큰 실수를 범했습니다. 어떡하죠? 다음부터 다시는 이런 일이 없도록 하겠습니다. 정말 죄송합니다." 라며 죄송하다는 말만 하고 있다. 이 직원은 고객의 인정에 호소하며 자신의 실수를 덮으려고 생각하고 있다.
고객의 실질적 문제 해결에 집중하는 부류	아르바이트생 B	"고객님 죄송합니다. 제가 바로 조치해 드리겠습니다." 그리고 바로 엎지른 음료를 닦아주고, 새 음료를 준비해 주고, 고객이 필요로 하는 식기를 준비해 준다. 이 직원은 이처럼 불만 고객의 불만족을 최소화 시키는데 가장 중요한 것이 실질적인 문제 해결이라 믿고 있다.

고객의 실질적인 문제를 해결해 주지 않고 계속해서 인정에만 호소하려는 모습을 보일 때 불만 고객은 더 큰 불만을 만들어 내는 경우가 종종 발생한다. 위의 사례처럼 고객이 원하는 것은 실질적인 문제 해결이다. 그렇다면 불만 고객의 문제를 실질적으로 해결하지 못하는 상황이 발생한다면 영원히 그 고객의 불만을 잠재울 수 는 없는 걸까? 그렇지 않다. 설사 직원이 불만 고객의 문제를 100% 해결하지 못한다 할지라고, 문제 해결을 위해 직원의 진실되게 노력하는 모습을 보일 경우 고객은 그것을 인정해 준다.

⌨️ 불만 고객을 더욱 열받게 하는 직원의 잘못된 말투

🎈 고객의 말을 중간에 끊어 버리는 응대

고객이 말을 하고 있는 도중 "아, 그게 아니구요. 제 얘기를 한 번 들어보세요."라고 말을 중간에서 끊어 먹는다면 고객은 자신이 무시당하고 있다고 느낄 것이다. 고객은 이성적이지 못하다. 더군다나 불평을 이야기하기 위해서 승무원을 찾았다면 설사 앞에 있는 승무원이 옳은 소리를 한다 할지라도 그 이야기는 들어오지 않을 것이다. 절대로 고객의 이야기를 중간에 자르지 말라. 단순히 들어주는 행위만으로도 고객의 문제는 해결될 수 있다.

필자가 비행을 하던 시절, 한 동료가 카타르 도하에서 인천까지 약 11시간의 비행 중 8시간 정도를 지상 서비스에 관해서 화가 나있는 고객의 이야기를 들어준 적이 있었다. 당시 동료는 단지 기내에서 고객의 이야기를 들어주기만 하였는데, 나중엔 고객이 내리면서 오히려 필자의 동료에게 "긴 시간동안 이야기를 들어줘서 고맙다."고 말을 하며 내린적이 있었다. 모든 불만 고객의 불만을 잠재우는 첫 번째 방법은 공감하며 들어주기 에서 시작한다는 것을 잊지말자.

🎈 불만을 듣고 노력도 안해보고, 바로 안된다고 답변하는 경우

서비스 상황에서 고객의 불만이나 요청을 듣고 바로 "안 된다."고 이야기해선 안된다.(단 기내에서 안전과 관련된 상황은 예외로 할 수 있다.) 만약 기내 좌석이 만석이라 옮길 자리가 없음에도 불구하고, 한 고객이 당신에게 창가 좌석으로 자리를 옮겨달라고 요청하였다. 승무원인 나는 이미 옮길 자리가 없음을 알고 있지만, 그럼에도 불구하고 나의 답변은 "안 된다."가 아니라 "일단 확인 해보고 알려드리겠습니다."가 되어야 한다.

필자의 동료가 비행을 하던 중 다리가 불편한 한 고객이 자신의 자리를 조금 넓은 자리로 이동시켜 달라고 요청한 적이 있었다. 당시 만석이었고, 이미 넓은 자리(비상구 좌석)를 차지하고 있던 다른 고객들은 지상에서 이미 넓은 비상구 좌석을 요청해서 받아온 고객들이었기에 그 고객의 자리를 다른 곳으로 옮겨 줄 수 없었다. 그 사실을 알고 있던 필자의 동료는 고객의 요청을 듣자마자 "죄송하지만 지금은 옮겨 줄 수 있는 자리가 없습니다."라고 이야기 했더니, 그 고객은 "어떻게 확인도 해보지 않고 그렇게 이야기 할 수 있느냐? "라고 오히려 처음보다 더 크게 화를 냈던적이 있다.

자신의 탓이 아니라고 핑계를 대는 경우

"고객님 죄송하지만, 좌석 번호 지정은 저희가 하는 게 아닙니다. 지상직 승무원들한테서 이미 결정되어서 오는 것이라 저는 잘 모르겠습니다."라는 답변은 최악의 답변이 될 수 있다. 이런 태도는 책임감 없는 직원이 항공사의 서비스 업무 영역을 따로 구분 지을 때 나타나는 현상이다. 나의 업무가 아니라 할지라도 적극적으로 고객의 문제를 해결하기 위해 도움을 주는 모습이 필요하다. 예를 들어서, "고객님 죄송하지만 좌석 번호 지정은 미리 공항 카운터에서 결정이 되기 때문에, 제가 함부로 바꿀수는 없지만, 혹시 다른 방법이 가능할지 확인 한 번 해드리겠습니다. 조금만 기다려 주십시오."라는 답변으로 고객의 기대에 조금이나마 부응할 수 있다.

🎈 책임감은 절대 찾아볼 수 없는 업무에 무관심한 태도나 말투

고객이 불만을 제기한 상황에서 "내 담당구역이 아니라 나와는 상관 없다."는 태도로 일관하는 직원은 책임감 제로의 직원이라고 말할 수 있다. 승무원으로 근무를 하다보면 고객의 콜벨에 굉장히 민감해지게 된다. 어떤 직원은 자기 구역의 고객 콜벨이 아니더라도 다른 직원의 담당 구역 콜벨까지 체크를 하지만, 또 다른 직원은 자기 구역 콜벨이 아니라 동료가 담당한 구역의 콜벨이라면 동료가 아무리 바쁘더라도 도와주지 않는 그런 승무원도 있다.

필자가 Q 항공에서 근무를 할 당시 다른 나라 승무원들과 비교를 할 때 한국인 승무원들은 대부분의 경우 자신의 구역이 아니더라도 다른 동료 구역의 콜벨까지 체크해 주는 역할을 하곤 했는데 이는 한국인 특유의 우리는 팀이라는 공동체 의식에서 온다고 봐도 무방하다고 생각한다.

🎈 고객의 요청(불만)을 자기 기준에 맞춰 판단하는 태도나 말투

고객의 불만이나 요청을 못들은 척 하거나, 별것 아니라는 식으로 판단해 버리는 직원은 회사에서 반드시 사라져야 할 존재이다.

한번은 필자가 근무를 하던 도중 고객이 프랑크푸르트로 향하던 비행기에서 자신의 짐을 프랑크푸르트공항에서 찾아야 하는건지, 아니면 프랑크프루트를 거쳐 자신의 최종 목적지인 파리에서 찾아야 하는지를 물어봤던 적이 있었다. 비행기를 매일 타는 승무원들은 당연히 최종 목적지에서 짐을 찾아야 한다는 것을 잘 알고 있지만, 비행기를 잘 이용해 보지 않은 고객에게는 '자신의 짐을 어디서 찾아야할지?'는 정말 큰 문제로 다가올 수 있다. 자신의 기준이 아닌 고객의 기준으로 생각하는 모습은 서비스직에 근무하는 우리들이 반드시 갖춰야 할 자질 중 하나이다.

짐 올려 달라는 임산부 부탁 거절한 승무원… `갑론을박`

비행기에 탑승한 임산부가 승무원에게 짐을 올려 달라고 부탁했다가 거절당한 사연이 화제가 되고 있다. 최근 한 온라인 커뮤니티에 올라온 이 사연은 조회수 35만건을 돌파하고 3,600건이 넘는 공감을 받는 등 주목을 받았다.

화제가 된 글에 따르면 임신 8개월차에 접어들었다는 작성자 A씨는 지난 주 외할머니의 갑작스러운 부고 소식을 듣고 친정인 제주도로 가게 됐다. 그는 기내용 캐리어에 간단히 짐을 챙기고 공항으로 이동해 제주도행 비행기 티켓을 급하게 구입했다.

티켓을 사자 마자 A씨는 부랴부랴 탑승 게이트로 이동했다. 그러나 모든 일정이 촉박하게 진행된 만큼 이미 탑승 절차는 끝나가고 있었다. 심지어 짐을 싣는 수화물 칸은 거의 다 차 캐리어를 놓을 곳도 마땅치 않았다.

비행기에 겨우 탑승했지만 캐리어를 올려 둘 공간을 찾지 못한 A씨는 짐을 든 채로 이러지도 저러지도 못하며 우왕좌왕했다. 이때 A씨를 본 한 여자 승무원이 "왜 그러냐"고 물었고, 상황설명을 들은 그는 A씨의 캐리어를 직접 끌고 자리를 살피기 시작했다.

그때 선임으로 보이는 남자 승무원 B씨가 다가오더니 여자 승무원의 행동을 저지했다. B씨는 "짐 대신 넣어드리지 마세요. 손님이 하게 두세요"라는 말도 덧붙였다. 남자 승무원의 말에 당황한 여자 승무원은 A씨에게 캐리어를 다시 돌려줬다. A씨는 "당시 '갑질' 한 사람이 된 것 같아 민망했지만, 후배한테 일 가르치는 중이겠거니 생각했다"고 말했다.

잠시 뒤 빈 수화물칸을 찾은 여자 승무원은 A씨를 불러 안내했다. "자리가 여기 밖에 없다며 양해해달라"는 승무원의 말에 "괜찮다"고 대답하며 캐리어를 들어 올리던 A씨는 순간 머리가 핑도는 것을 느꼈다. 임신으로 인한 급성 빈혈이 찾아온 것이다.

결국 어지러움을 참지 못한 A씨는 근처에 있던 B씨에게 "죄송합니다만 짐 올리는 거 조금 도와주시면 안 될까요?"라며 도움을 청했다. 그러나 B씨는 "거기 올리시면 됩니다"라고만 대답하며 A씨의 부탁을 고사하고 지나갔다. A씨는 결국 앞 자리에 앉아있던 탑승객의 도움을 받아 수화물을 올렸다.

온라인 커뮤니티에 사연을 설명한 A씨는 교육받은 매뉴얼대로 행동할 수밖에 없는 승무원들의 입장을 이해한다면서도 한편으로는 몸이 불편한 임산부로서 부탁을 거절당한 것이 다소 씁쓸하다는 입장을 내비쳤다. 그러면서 "제가 겪은 상황에 대해 민원을 넣으려다 그래도 한 사람의 직장이니 여러 사람의 의견을 듣고 판단하기로 했다."며 "조언 부탁드린다."고 글을 맺었다.

사연을 접한 이들은 저마다 의견을 내며 갑론을박을 펼쳤다. A씨의 입장에 공감한 누리꾼들은 "모르는 사람이라도 도와주겠다" "승객이 몸 불편할 때 도와주는 것도 일종의 서비스 아닌가." "일반인이라면 모를까 임산부한테…" "당연하게 요구한 것도 아니고 해보다가 안 돼 부탁한 건데 참 딱딱하네" 등 B씨가 지나쳤다는 반응을 보였다.

반면 반대의 목소리도 적지 않았다. 이들은 "짐 올리다가 무슨 문제라도 생기면 뒤집어쓰는 건 다 승무원이다." "이런 식으로 도와주면 '나는 왜 안 해 주냐'고 진상을 부리는 고객들이 더 많아진다." 등 B씨의 행동이 정당하다는 입장을 드러냈다. 융통성이 없어 보일 정도로 매뉴얼을 지키는 데는 다 이유가 있다는 것이다.

관련 업계 종사자들도 댓글을 통해 설전을 벌였다. 매뉴얼에 적혀 있지 않은 상황에서는 별도의 행동을 취하기 어렵다는 것이 대다수의 입장이었지만, 임산부 등 약자를 돕는 것도 승무원의 역할이라고 주장하는 이들도 있었다.

전직 외국 항공사 승무원으로 일했다는 한 누리꾼은 "보통 항공사 규정이 비슷비슷한데 보통 매뉴얼엔 손님 짐을 올려주지 않는다고 돼 있다."면서도 "현실적으로는 상황상 도와주는 경우가 더 많다."고 말했다. 이어 "현장에서 하는 일인 만큼 어느 정도의 융통성이 있어야 하는데 남자 승무원은 융통성이 부족했던 것 같다."며 "아이 둘 있는 아줌마로서 속상한 마음 충분히 공감된다"고 A씨를 위로했다.

출처: (매일경제, 2019)

4 효과적인 불만 고객 대처 방법

불만 고객에게 응대를 하는 과정을 자세하게 살펴보도록 하자.

(1) 불만 고객에게 응대 방법

- **언어적·비언어적 사과** : 언어적 사과인 말과 비언어적 사과인 태도나 표정으로 진심으로 미안해 하고 있음을 불만 고객에게 전달한다.
- **진심어린 경청** : 진심으로 '왜 이 고객이 우리 기업에 화가 났는지?' 를 확인하자.
- **원인 파악하기** : 문제를 해결하기 위한 첫 단계로 불만의 원인이 무

엇인지 객관적으로 파악해야 한다. 이때는 종이를 꺼내서 메모를 하는 편이 정리를 하기에도 좋고, 고객의 입장에선 직원이 더 자신의 문제에 관심을 가져주는 것처럼 보이게 된다. 또한, 승무원들은 그 날 비행에서 있었던 고객의 불만사항을 보고서로 정리를 해야 하기 때문에 반드시 원인을 파악할 때에는 메모를 사용하도록 하자.

- **문제에 대한 대책을 강구하기** : 직원의 입장이 아닌 고객의 입장이 되어 문제를 해결할 수 있는 대책을 강구한다. 간혹 고객의 불만을 직원 스스로 '별것 아닌 문제'라고 판단을 해서 그냥 덮어 버리는 경우가 있다. 이런 경우 그 순간은 넘어갈 수 있겠지만 혹시라도 나중에 그 고객이 회사에 직접적으로 문제제기를 할 경우 더 큰 일이 될 수 있다는 것을 명심하자.

- **고객이 받아 들일 수 있는 방법 제시** : 해당 문제를 어떤 방식으로 처리할 것인지를 고객에게 안내한다. 모든 문제를 현장에서 즉시 해결하는 것은 불가능 하지만 고객 앞에서 노력하는 모습을 보이는 것은 중요하다.

- **문제 해결 시도** : 앞선 문제 분석을 바탕으로 실행한다

- **감사 표현** : 문제 해결이 되었는지 고객에게 확인하고 감사표현을 한다.

(2) 문제가 발생하게 된 원인이 누구인지가 중요할까?

고객 문제를 처리할 때는 회사의 잘못인지, 고객의 잘못인지를 확인하는 것이 중요할까? 동일한 문제가 미래에 발생하기를 원치 않는다면 문

제의 원인이 무엇인지 명확하게 가리는 것이 좋다. 하지만 회사의 잘못이건, 고객의 잘못이건 일단 어떤 문제가 발생하면 고객의 입장에선 별로 의미가 없다는 것을 잊지말자.

예를 들어 A 고객은 며칠 전 우리회사 홈페이지를 통해 자신의 좌석을 복도 쪽 좌석으로 미리 예매를 했지만, 갑작스러운 비행기의 교체로 인해 해당 좌석은 복도가 아닌 중간 좌석으로 변경이 되었다. 이런 상황처럼 명백히 회사의 잘못인 경우 회사는 고객의 입장이 되어서 진심으로 사죄를 하고, 성의있게 문제를 해결하려는 모습을 보여주는 것이 필요하다.

하지만 이와는 정 반대의 상황으로 고객의 잘못이 있음에도 불구하고 불만사항이 생긴 경우가 있다. 예를 들면 기내에서 특별 기내식을 먹으려면 고객이 스스로 예약 주문을 해야하지만, 예약하지 않고서기 내에 탑승한 이후 불만을 표출한 경우이다. 이런 경우 상황상 고객의 불만이 옳지 않지만 이것은 회사의 잘못이 아니라는 식으로 고객에게 상황을 이해 시키려 하면 오히려 그 고객의 불만만 더 키우는 꼴이 된다. 따라서 이런 상황에서는 오히려 현 상황에 대해 함께 해결할 수 없음을 아쉬워 하고, 고객의 상황에 대해 이해한다는 마음과 태도를 보여주는 것이 중요하다. 또한 동일한 사건의 반복을 막기 위해 이런 문제가 생겨난 이유는 무엇인지, 왜 고객이 그런 불만이 생겼는지, 비슷한 상황이 다시 발생하지 않게하기 위해 회사 측은 어떤 것을 준비해야 하는 지와 같은 대책을 세우는 것이 요구되어 진다.

쉬어가는 코너

화난 고객을 상대할 때는 타이밍이 중요하다

　Frantz & Bennigson(2004)는 사과의 타이밍에 대한 연구에서 사과를 할 때는 빨리하는 것보다 화난 상대가 자신의 분노를 표출하고, 그 상황에 대해 이해할 수 있는 시간을 두는 것이 더 성공적으로 화가난 상대와의 관계개선에 도움이 된다고 밝혔다. 고객의 컴플레인이 발생했을 때 무조건적인 사과는 그저 순간적인 상황을 넘기려고 하는 무성의한 태도로 밖에 보이지 않기 때문에, 고객이 불만을 표시하면 일단 무조건적인 사과보다는 고객이 이야기하는 상황을 끝까지 들어본 다음 사과를 하는 태도가 필요하다.

　이 연구는 남자친구·여자친구와의 관계를 예로 들어보면 더 이해하기 쉬울 것이라 생각한다. 흔히 여자친구가 화를 내면 남자친구들은 무작정 사과를 한다. 그러면 대부분의 여자친구들은 "그럼 내가 왜 화가 났는지 말해보라고. 네가 뭘 잘못했어?"라고 이야기할 때 대부분의 남자친구들은 자신이 무엇을 잘못했는지 모르고 그냥 사과를 한 경우가 많은데, 이런 경우 여자친구들의 화는 쉽게 해결이 되지 않을뿐더러, 더 커지기만 할 뿐이다. 따라서 앞선 연구처럼 화난 상대의 이야기를 들어주고, 그런 뒤에 사과를 하는 기술이 관계를 개선하는 데 도움이 될 것이라 생각한다.

5 20년 전 발표된, 하지만 여전히 효과적인 사과의 4단계 과정

　Scher & Darley(1997)은 사과를 표현할 때 말이 얼마나 효과적일 수 있는지와 관련된 연구를 진행했다. 이 논문은 20년 전에 발표된 논문이지만 사과의 진행 과정을 잘 설명하고 있는 논문으로서, 인간이 사과하는 과정에 대해 연구하는 많은 학자들에 의해 인용되고 있다. 다음과 같이 사과는 4개의 단계로 나누어서 설명할 수 있다.

🎈 1단계 - 미안한 마음의 전달

　진실한 마음을 "미안하다" 또는 "죄송하다" 라는 표현에 담아 전달하는 것이 필요하다. 아무리 마음 속으로 죄송한 마음을 느끼고 있어도,

이를 밖으로 표현하지 않는다면 화가 난 고객은 여러분의 마음을 알아차릴 수 없다. 고객의 불만 상태를 인지하였다면 여러분이 할 수 있는 첫 번째 단계는 미안한 마음을 말로써 전달하는 것이다.

🎈 2단계 – 구체적으로 고객이 화가 난 이유를 알고, 그것을 언급할 수 있어야 함

무작정적인 사과는 절대 통하지 않는다. 오히려 무성의한 대처라는 느낌만 전해줄 수 있다. 따라서 자신(회사)이 잘못한 사항에 대해서 객관적으로 나열할 수 있어야 한다. 이럴 땐 말로 하는것보단 간단한 메모를 사용해 자신이 잘못한 사항을 하나씩 언급하는 것이 더욱 객관적으로 잘못한 사실을 표현할 수 있을 것이다. "기내 좌석 배치가 잘못되어서 죄송합니다."보다는 "고객분이 창가 좌석으로 예매를 하셨음에도, 복도 쪽 좌석을 받게 되어 죄송스럽게 생각합니다."라고 구체적으로 우리 항공사의 잘못한 점을 언급해야 한다.

🎈 3단계 – 내가 해줄 수 있는 대책 제안하기

이 단계에서는 내가 화가 나 있는 고객에게 해줄 수 있는 방안을 강구해야 한다. 위의 상황처럼 좌석이 잘못 배치되어 화가 난 고객의 마음을 진정시켜줄 수 있는 방법은 자리를 바꿔주는 것이다. 이런 경우 자신이 가능한 대책만을 제안하고, 그 이외의 상황, 즉 내가 도와줄 수 없는 상황을 언급하는 것은 좋지 않다. 예를 들어 식사 서비스 중 고객의 하얀색 옷에 레드 와인을 흘렸다면 내가 바로 제안할 수 있는 해결책은 기내 비치된 약품을 사용해 고객의 옷에 흘린 와인을 제거해 주는 것이지 무료 세탁 쿠폰을 준다든지, 죄송한 마음에 고객에게 추가 마일리지를 준다든지와 같은 보상의 이야기를 전하는 것은 아니다. 이런 추가적인 보상은 내가 아닌 우리 회사의 고객 서비스를 담당하는 부서에서 결정할 것이다.

⚘ 4단계 - 동일한 문제가 반복되지 않을 것이라는 약속

상황에 대한 사과와 함께 다시는 동일한 문제가 반복되지 않을 것이라는 약속이 반드시 필요하다. 이는 고객의 신뢰를 회복하고, 앞으로의 지속적인 관계를 유지하기 위한 필수 단계이다.

6 불만 고객 응대시 반드시 고려 해야 할 3요소

불만 고객을 응대하기 위한 여러 가지 방법이 있지만, 그중에서도 가장 먼저 고려해야 하는 것은 바로 사람, 시간, 장소의 세 가지 요소이이다.

⚘ 불만 고객은 문제를 해결할 수 있는 사람을 원한다.

불만이 있는 고객을 상대하다 보면 자주 듣는 이야기가 "여기 사무장 누구야?"라는 표현이다. 고객은 이미 해당 회사에 대한 불만이 있고, 이를 현장에서 해결하기를 원한다. 따라서 불만 고객은 자신의 문제를 해결할 수 있는 능력이 있는 사람과 이야기를 하려고 한다. 그런 상황에서 불만 고객은 "사무장 나오라고 해"라는 표현을 종종한다. 이런 경우 최초 불만을 접수한 직원이 불만 고객을 응대하기 보다는 사무장처럼 일정 책임을 가진 사람이 응대를 하는 것이 좋다. 하지만 이런 상황마다 직원이 매니저를 바로 호출한다면 직원 스스로의 발전을 꾀할 수는 없을 것이다. 따라서 여러분이 서비스업에서 평생 몸을 담고 스스로 성장하고 싶은 사람이라면 최초 응대자인 여러분은 본인 스스로 해결 가능한 문제인지 확인한 이후, 자신의 능력내에서 문제를 해결할 수 없을 때, 해당 문제를 처리할 수 있는 능력을 가진 상사에게 넘기는 것이 좋다. 이때 중요한 사항은 고객에게 똑같은 불만을 두 번씩 이야기 하게 만드는 번거로움이 생기게 해서는 안 된다는 것이다. 불만 고객을 매니저에게 전달하는 경우에는 최초 응대자가 불만 사항에 대해 미리 언급을 하여, 불만 고객의 불편함을 줄여 주는 것이 좋다.

💡 불만 고객의 분노를 잠재울 수 있는 시간을 반드시 고려하자.

고객이 화가 머리 끝까지 나있는 상태에서 바로 발생한 문제의 이야기로 넘어가게 되면 흥분한 고객을 따라 고객을 상대하는 여러분까지 그 분위기게 휩쓸리게 된다. 이런 상황에선 일단 긴장상태인 현재의 분위기를 깨려는 노력이 필요하다. 가장 좋은 방법 중 하나가 바로 심호흡 또는 따뜻한 음료를 제공해 고객의 흥분 상태를 낮춰주는 시간을 만드는 것이다. 인간심리와 관련한 여러 연구 가운데 따뜻한 음료를 손님에게 제공하면 그 손님의 마음 역시 함께 따뜻해진다는 연구 결과가 많이 있다. 불만 고객이 생겼을 경우 일단 흥분을 낮출 수 있는 시간을 만들도록 하자.

🎈 다른 사람이 없는 제한된 공간으로 불만을 들어주도록 하자.

불만 고객의 불평은 타인이 없는 곳에서 듣는 것이 좋다. 특히 불만 고객의 불평이 개인적인 불평이 아니라 비행기 도착 시간 지연처럼 모든 고객에게 해당이 되는 사항이라면 반드시 제한된 공간에서 대화가 이루어져야 한다. 왜냐하면 공개된 장소에서 불평을 듣다보면 주변에서 구경을 하던 다른 고객들도 함께 불만을 표출할 수 있기 때문에 고객이 불만을 표출할 때에는 다른 고객이 없는 장소(기내에서는 갤리가 적당함)로 이동시켜 불만 고객의 입장을 들어보는 것이 좋다.

7 불만 고객의 불안 심리를 돕기 위한 방법

🎈 전부 들어준다.

고객의 불만 사항을 전부 들어줄 수 있게, 중간에 자르지 말고 끝까지 고객의 불만을 들어준다. 현대인들의 스트레스를 해소하는 방법으로 누군가에게 자신의 속마음을 다 이야기하면 스트레스도 함께 풀린다는 이야기를 많이 들어보았을 것이다. 고객이 속에 담긴 모든 말을 쏟아낼 때까지 함께 있어주자.

🎈 공감한다.

고객의 분노 또는 흥분 상태를 깊이 공감해줄 수 있도록 한다. 기본적으로 공감은 고객의 입장이 되어보는 것에서 시작한다는 것을 잊지 말자. 특히 우리가 근무하는 서비스 현장은 사람과 사람 사이의 공감이 모든 문제 해결의 핵심이라는 것을 잊지 말자.

🎈 책임지고 해결하기

어떻게 문제를 해결할 수 있을지 고민해 본다. 고객과의 대화를 통해 자신이 파악한 문제의 원인이 맞는지 다시 한 번 확인하고, 일단 해결방법이 정해지면 신속하고 친절하게 해결한다.

내가 해결할 수 있는 선까지 도와드린다. 그리고 내가 도와줄 수 없는 상황이라면 도움을 줄 수 있는 매니저나 다른 사람을 부를 수 있도록 하자.

🎈 동료들과 불만 사례 공유

불만 고객의 문제를 해결한 이후 더 중요한 것은 똑같은 문제가 발생하지 않게 하는 것이다. 일단 문제를 해결한 이후 동일한 문제가 다시 발생하게 되면 고객은 더 이상 우리 기업을 신뢰하지 않게 되고, 이는 우리 회사의 수익 감소로 이루어지게 된다. 따라서 불만 고객의 문제를 해결한 이후에는 회사의 서비스 시스템을 전반적으로 점검을 해보고, 불만 고객이 생겨나게 된 원인에 대해 분석하며, 같은 일이 다시는 발생하지 않게 대응 방안을 만드는 것이 중요하다. 또한 직원으로 인해 문제가 발생한 경우에는 회사내 모든 직원들과 사례를 공유하여, 다른 직원들로 하여금 똑같은 문제가 발생하지 않도록 주의하는 것이 필요하다.

8 감정 노동에 따른 스트레스 관리

대부분의 서비스 접점에서 근무하는 사람들은 사람과의 만남을 좋아하기에 서비스직을 택했지만, 의외로 사람 때문에 상처를 받는 사람도 많다고 이야기를 한다. 서비스의 최전선에서 고객을 대하는 직원들은 흔히들 "감정 노동자"라고 불리운다. 이들은 현장에서 근무를 하는 동안은 개인적으로 힘든 일, 슬픈 일이 있더라도 고객에게 표현할 수 없고, 본인의 잘못이 아닌 일도 대신 사과를 하는 등의 일이 발생하기도 한다. 이렇게 발생하는 업무 스트레스를 해소 하지 않고 계속해서 쌓아두기만 한다면 결과적으로는 직원 스스로에게 부정적인 영향으로 돌아가게 될 것이다. 따라서 스트레스를 관리하는 것 역시 서비스업에 종사하는 직원들이 갖춰야할 하나의 자질이 된다.

🕯 쉬어가는 코너

승무원은 무조건 고객에게 Yes만 말해야 할까?

"The customer is always right"라는 표현은 서비스업에서 일하는 사람들이라면 누구나 한 번쯤은 들어봤을 법한 표현이다. 하지만 실제 서비스 현장에서는 그렇지 못한 경우가 있다. 특히, 안전과 관련된 상황이 많이 존재하는 항공사에서는 고객에게 "No"라는 표현을 써야할 때가 있다. 단, 직원의 말하는 태도에 따라 고객의 불만이 커지기도 하고, 그 기업의 이탈고객으로 바뀌어지기도 한다. 따라서 어쩔 수 없이 거절의 메시지를 고객에게 전달해야 하는 경우라도, 고객과 관계를 생각해 가며 대화의 수위를 조절하는 것이 필요하다.

당장 눈앞에 놓인 상황을 피하기 위해 "이번 비행에선 불가능하다"라고 명확하지 않은 내용을 이야기하거나, 거짓으로 상황을 모면하려 할 때가 있는데, 혹시나 고객이 당신이 거짓말을 한다는 것을 알게 되면 이는 고객과의 관계를 멀어지게 하는 최악의 관계가 될 수 있다. 게다가 고객의 요청에는 무조건 "Yes"라고 답해야 한다는 부담감 때문에 고객의 요청을 거절하지 못하는 경우도 발생한다. 하지만 지금 눈 앞에 닥친 상황이 아닌 고객과의 장기적인 관점에서의 관계를 생각했을 땐, 서로가 기분상하지 않게 거절할 수 있는 기술이 필요하다. 고객이 터뷸런스 중에 화장실을 사용하고 싶다고 이야기하는데, 고객이 기분이 상할까봐 "No"라고 이야기 하지 못한다면, 그건 승무원의 자질을 갖춘 사람이라고 이야기 하기 힘들다.

안전과 관련된 경우가 아닌 서비스와 관련하여 "No라고 말해야 할 때"를 생각해보자.

1) 너무 단번에 거절하지 말자. 대신 "고객님께서 요청하신 사항은 현재 상황에선 힘들 것 같지만, 다른 방법이 있는지 다시 한 번 확인해 보겠습니다."

2) 거절을 할때는 이성이 아닌 감성에 호소한다. "안 된다."가 아닌 "도움을 드리지 못해 죄송하

다.", "힘들다."라는 표현이 적절하다.

3) 거절한 이후 거절의 아쉬움을 달랠 수 있는 절충안을 제시한다. 예를 들어, "기내에서의 좌석 업그레이드는 힘들지만, 최대한 이코노미 클래스에서 퍼스트 클래스의 느낌이 들 수 있는 맛있는 칵테일을 제가 직접 만들어 드리겠습니다."처럼 고객이 원한 것은 아니지만, 고객에게 노력하고 있다는 모습을 보여주도록 하자. 또한, 직원이 제안한 절충안에 대해 고객이 그 절충안을 수용하지 않는다면, 이 때는 따를 수밖에 없는 회사의 규정이나, 직원의 처지를 감정적으로 이야기하며 고객이 납득할 수 있게 이야기 한다. "고객님의 요청을 제가 최대한 들어드려야 하는데, 그럼에도 불구하고 정말 죄송합니다. 이런 상황에서도 이해해 주셔서 너무나 감사합니다."와 같은 말을 할 수 있도록 하자.

4) 비언어적 요인, 얼굴 표정, 태도, 말투와 같은 부분에서도 미안한 마음과 안타까운 마음이 들어나야 한다. 직원이 거절을 할 때 직원말이 짧으면 고객은 직원에 대해 좋지않은 감정을 갖기도 한다.

5) 하지만 이런 적극적인 방식으로 답변할 경우 오히려 고객이 더 미안해하며 "그래도 생각해 줘서, 고맙다."라고 하는 경우도 종종 생긴다.

사과할 때는 비언어적 요인을 고려하자

심리학자 메라비언(Mehrabian, 1971)은 의사소통을 진행함에 있어 비언어적 커뮤니케이션의 중요성에 대해 설명하였다. 비언어적 커뮤니케이션은 언어 이외의 시각적 요소(용모, 복장, 제스쳐, 표정, 자세 등)와 청각적 요소(음색, 호흡, 말투, 목소리 톤, 빠르기 등)를 의미하는데, 의사소통에서 비언어적 커뮤니케이션이 시각 55%, 청각 38%의 비중으로 의사소통을 전달하며 이야기의 내용과 언어적 의미와 같은 언어적 요인은 단지 7%일 뿐이라 전했다. 이는 우리가 커뮤니케이션 과정에 있어서 중요한 것은 그 언어 자체 또는 이야기 하고 싶은 내용이라고 생각을 하지만 실제로는 말하고 있는 목소리의 톤, 표정, 포즈와 같은 비언어적 요인이 커뮤니케이션에서 차지하는 바가 상당히 크다는 것을 의미한다.

 **참고문헌**

- 고민환(2018), 미소짓는 스튜어드
- 고민환(2019), 항공서비스학과 교육서비스품질이 만족, 태도, 충성도에 미치는 영향 : 기대불일치 이론을 중심으로, 관광레저연구, 31(12), 239-255.
- 고민환(2020), J 항공 인스타그램의 정보품질이 태도, e-WOM, 재사용의도에 미치는 영향: 정교화 가능성모델과 합리적행동이론을 활용하여, 호텔경영학연구, 29(2), 181-197.
- 고민환·김미영·이충기(2019), 대학교육서비스 품질이 교육서비스 가치, 학생태도 및 행동의도에 미치는 영향 연구: VAB 모델을 중심으로 , 관광레저연구, 31(9), 445-461.
- 김성연(2018), 병원서비스코디네이터 입문에서 성공까지
- 김수행(1992), 국부론
- 김원형(2009), 조직심리와 행동의이해
- 김인주(2008), 객실서비스의 물리적 환경이 엔터테인먼트 만족에 미치는 영향, 산학경영연구, 21(2), 171-194.
- 김태웅·이우헌(2017), 경영학원론
- 김현식(2018), 서비스 브레인
- 김혜영(2016), CS leaders 고객만족 서비스
- 김화연(2019) SMAT 서비스 경영자격 Module A 비즈니스 커뮤니케이션
- 데브라 스티브스(2014), 똑똑한 고객 서비스
- 라선아·이유재(2015), 고객만족, 고객충성도, 관계마케팅, 고객관계관리 관련 문헌에 관한 종합적 고찰, 마케팅연구, 30(1), 53-104.
- 로버트 치알디니(2019), 웃는 얼굴로 구워 삶는 기술
- 박상범 외 2명(2014), 현대 경영학원론.
- 박원영(2018), 유혹하는 고객서비스
- 박윤미(2017), 항공사 객실승무원의 인적서비스가 고객배태성과 고객만족에 미치는 영향, 관광연구저널, 31(9), 123-135.
- 박정순(2017), 끌리는 곳은 서비스가 다르다
- 박현정(2011) 클레임과 트러블에서 자유로워지는 스마트한 고객 서비스
- 배성환(2017), 처음부터 다시 배우는 서비스 디자인 씽킹
- 백기복(2006), 조직행동연구, 제4판.
- 백서연(2019), CS Leaders 관리사 한권으로 끝내기
- 사공수연·김연정·박민영·김두현(2018), CS Master 되기
- 서비스 세일즈 가치 향상 연구회(2018), 국가공인 SMAT 서비스경영능력시험
- 서여주(2019), NCS 기반 고객서비스 능력 향상을 위한 고객응대 실무
- 송영우·정미영(2009), 미용경영을 위한 서비스 마케팅
- 신상태·김윤진(2019), NCS 기반 항공객실 고객만족 서비스
- 신유필(2011), 경영학원론.

- 신환수(2018) 장사의 달인은 장사하지 않는다
- 심윤정·신재연(2016), 고객서비스 실무
- 아시아나항공 서비스 메뉴얼
- 엄경아·함석정·류수정·김미영(2018), 고객만족
- 위키피디아
- 유옥주(2017), 고객서비스의 절대 법칙
- 이경은(2016). 저비용항공사 에어스케이프, 브랜드 인식, 주관적 경력성공 간 구조적 관계. 관광연구저 널, 30(7), 157-174.
- 이상기·구자원·전중훤(2016), 서비스 딜루전
- 이소라(2008), 그림으로 읽는 생생 심리학, 그리고 책
- 이유재(2002). 불량고객의 유형과 전략적 관리. 36(4), 115-139.
- 이유재(2013), 서비스 마케팅
- 이유재·공태식(2005). 고객시민행동과 고객불량행동이 서비스품질지각과 고객만족 및 재구매의도에 미치는 영향. Asia Marketing Journal, 7(3), 1-27.
- 이준재·허윤정(2015).
- 이지민·김연성·이동원(2010). 항공사 기내서비스의 서비스청사진 분석에 관한 연구. 품질경영학회지 제, 38(4), 593.
- 이지연(2017), 서비스 고객경험을 디자인하라
- 이현정·문가경·백지연(2017), CS Leaders 관리사 2주 벼락치기
- 이화인(2014), 서비스 고객의 심리와 행동
- 임붕영(2017), 고객만족 서비스 리더십
- 자넬 발로·크라우스 뮐러(2010), 불평하는 고객이 좋은 기업을 만든다
- 장정빈(2018), 장정빈의 서비스 그레잇
- 정도성(2017), 최고의 서비스 기업은 어떻게 가치를 전달하는가
- 조영신·김선희·양정미·인옥남·이승현·문희정·최정화(2012), 최신 항공 객실 업무론
- 조태현(2016), 고객 유혹의 기술 : 까다로운 고객을 단숨에 설득하는 66 가지 비결
- 존 디줄리어스 3세(2017), 고객서비스 혁명
- 차길수·윤세목(2017), 호텔경영학원론
- 최순남(2018), 패션유통 세일즈 노하우 A to Z
- 카타르항공 서비스 메뉴얼
- 포포 프로덕션(2019), 심리학 도감
- 표준 국어 대사전
- 피트 블랙쇼(2015) 만족한 고객은 친구 3명에게 이야기하고 성난 고객은 3000명에게 이야기한다
- 한국CS전략 연구소(2019), 일주일에 끝내는 CS Leaders 관리사
- 한국비서협회 부설 서비스교육원(2019) SMAT 서비스경영능력시험
- 한정선(2014). 리더십 결정 이론을 통해서 본 스포츠 리더십 결정의 비판적 고찰. 교양교육연구, 8(4). 369-396.
- 허희영(2016), 항공서비스원론

- A. Smith(1795), The Theory of Moral Sentiments.
- C. H. Lovelock & J. Wirtz(2007), Services marketing 6th edition.
- C. M., Frantz & C. Bennigson(2004)
- C. M. Voorheeset al(2017), Service encounters, experiences and the customer journey: Defining the field and a call toexpand our lens.
- McBain, Hughston (1944), Are customers always right.
- Onlineetymology dictionary(2019)
- Joseph Kimble(2012), Customer experience.
- Steven J. Scher & John M. Darley(1997), How Effective Are the Things People Say to Apologize?
- Richard L. Oliver (2017), Satisfaction : A behavioral perspective on the consumer.
- T. Levitt(1985), The marketing imagination.

- http://dbr.donga.com/article/view/1101/article_no/7446
- http://news.bizwatch.co.kr/article/industry/2014/05/26/0002
- http://www.starbucksmelody.com/2010/02/26/starbucks—espresso—excellenceexactly—2—years—later/
- http://premium.britannica.co.kr/bol/topic.asp?article_id=b13s0245a
- http://www.ddegijust.ac.in/studymaterial/mba/mm—411.pdf
- http://magazine.hankyung.com/apps/news?popup=0&nid=01&c1=1003&nkey=20140820009760 00371&mode=sub_view
- http://www.newspim.com/news/view/20190124000123
- http://www.feelground.com/article_04_19.html
- http://weekly.donga.com/List/3/all/11/530913/1
- http://news.kmib.co.kr/article/view.asp?arcid=0923927083
- http://www.econote.co.kr/blog/view_post.asp?blogid=yehbyungil&post_seq_no=456
- http://www.hbrkorea.com/magazine/article/view/1_1/page/1/article_no/1102
- http://www.kookje.co.kr/news2011/asp/newsbody.asp?code=0300&key=20101230.22008221903
- http://news.mk.co.kr/newsRead.php?no=351332&year=2013
- https://www.mk.co.kr/news/society/view/2019/05/308502/
- https://en.wikipia.org/wiki/Peter_Drucker
- https://www.eventbrite.com/o/whole—foods—market—uk—15888761191
- https://www.discprofile.com/what—is—disc/history—of—disc/
- https://en.wikipedia.org/wiki/Jean—Baptiste_Say
- https://en.wikiquote.org/wiki/Services_marketing
- https://en.wikipedia.org/wiki/Standard_operating_procedure
- https://milled.com/flight—centre/hot—flight—deal—alert—mexico—and—caribbean—price—drop—jwBa_ RyRkHaHpzJM
- https://en.wikipedia.org/wiki/Skyscanner
- https://en.wikipedia.org/wiki/Orbitz

- https://www.marketingteacher.com/physical-evidence-marketing mix/
- https://www.google.com/search?q=welcome+to+hotel+on+TV&newwindow=1&tbm=isch&source
  =int&tbs=isz:l&sa=X&ved=0ahUKE wiv0PGd6uXgAhWSxosBHSvvDGwQpwUIHw&biw=1574&bih
  =757&dpr=1.19#imgrc=15xbD6LnlkMNNM:
- https://en.wikipedia.org/wiki/No-show_(airlines)
- https://en.wikipedia.org/wiki/David_Maister
- https://eiec.kdi.re.kr/publish/nara/column/view.jsp?idx=8225
- https://en.wikipedia.org/wiki/Hotel_toilet_paper_folding
- https://1path.com/blog/it-takes-10-12-positive-customer-reviews-to-make-up-forone-
  negative-review/
- https://ko.wikipedia.org/wiki/%ED%9B%84%EA%B4%91_%ED%9A%A8%EA%B3%BC
- https://news.joins.com/article/21337920
- https://ko.wikipedia.org/wiki/%EC%BB%A4%EB%AE%A4%EB%8B%88%EC%BC%80%EC%9D%B
  4%EC%85%98_%EB%AA%A8%ED%98%95
- https://www.skybrary.aero/index.php/Heinrich_Pyramid
- https://news.joins.com/article/7245135
- https://en.wikipedia.org/wiki/Plain_Writing_Act_of_2010
- https://www.inc.com/the-muse/5-apology-templates-to-use-at-work.html
- https://ko.wikipedia.org/wiki/%EC%95%85%EC%A7%88_%EC%86%8C%EB%B9%84%EC%9E%90
- http://kookbang.dema.mil.kr/newsWeb/m/20160908/2/BBSMSTR_000000010050/view.do
- https://www.jejuair.net/jejuair/kr/main.do
- https://biz.chosun.com/site/data/html_dir/2016/09/29/2016092902875.html
- https://en.wikipedia.org/wiki/DISC_assessment
- https://www.businessinsider.com/how-hilton-hotels-will-be-cleaned-after-coronavirus-2020-4
- https://news.chosun.com/site/data/html_dir/2016/04/14/2016041401406.html
- http://www.donga.com/news/article/all/20191117/98410227/1
- https://www.researchgate.net/figure/Groenroos-Model-of-Service-Quality_fig2_268064020
- https://www.flickr.com/photos/julieedgley/4156885819/
- https://news.joins.com/article/5526121
- https://www.simplypsychology.org/maslow.html

| 고민환 |

- 경희대학교 관광학 박사
- 현) 대경대학교 항공과 조교수
  한국관광연구학회 이사
- 전) 카타르항공 부사무장
  중부대학교 항공승무원 조교수

수상 내역
- 2020 서울연구논문 공모전 장려상 수상
- 2019 한국공항공사 우수논문상 수상

| 박윤미 |

- 경희대학교 관광학 박사
- 현) 청주대학교 항공서비스과 조교수
  한국항공운항학회 이사
  항공인적요인학회 이사
  한국관광연구학회 이사
- 전) 아시아나항공 캐빈서비스팀

수상 내역
- 2018. 인문사회계열 강의평가 우수교원 수상
- 2019. 한국관광연구학회 우수지도 교수상

자격사항
- 국제 소믈리에 (ASI)
- TESOL (KAFL)
- BBPE (ICAO)
- 항공사고조사위원자격 (ICAO)

유튜브로 알려주는
항공사 롤플레이 123문제

초판 1쇄 인쇄 2021년 1월 25일
초판 1쇄 발행 2021년 1월 30일

저 자 고민환·박윤미
펴낸이 임 순 재
펴낸곳 (주)한올출판사
등 록 제11-403호
주 소 서울시 마포구 모래내로 83(성산동 한올빌딩 3층)
전 화 (02) 376-4298(대표)
팩 스 (02) 302-8073
홈페이지 www.hanol.co.kr
e-메일 hanol@hanol.co.kr
ISBN 979-11-6647-028-8

유튜브로 알려주는
항공사 롤플레이
123문제